Fritz Hoeck

Geschichte des Pfarrdorfes Rußheim bei Karlsruhe

Mit Berücksichtigung der Umgegend

Fritz Hoeck

Geschichte des Pfarrdorfes Rußheim bei Karlsruhe
Mit Berücksichtigung der Umgegend

ISBN/EAN: 9783743374034

Hergestellt in Europa, USA, Kanada, Australien, Japan

Cover: Foto ©ninafisch / pixelio.de

Manufactured and distributed by brebook publishing software (www.brebook.com)

Fritz Hoeck

Geschichte des Pfarrdorfes Rußheim bei Karlsruhe

Geschichte

des

Pfarrdorfes Rußheim bei Karlsruhe

mit Berücksichtigung der Umgegend.

Ein kleiner Beitrag zur vaterländischen Geschichte

von

Fritz Hoeck,
Pfarrer in Scherzheim.

Karlsruhe.
G. Braun'sche Hofbuchhandlung.

1860.

Druck der G. Braun'schen Hofbuchdruckerei.

Den

verdienstvollen Männern

Wilhelm Bausch,
Oberamtmann in Karlsruhe, Mitglied der Zweiten badischen Ständekammer, Ritter des
Ordens vom Zähringer Löwen und des Königl. Württ. Kronordens,

Karl Wilhelm Gnefelius,
Hofdiaconus und Decan in Karlsruhe, Ritter des Ordens vom Zähringer Löwen und des
Königl. preuß. rothen Adlerordens III. Klasse,

und

Dr. Karl Friedrich Vierordt,
Geheimer Hofrath und Lyceumsdirector in Karlsruhe, Ritter des Ordens vom Zähringer Löwen,

aus Hochachtung und dankbarer Liebe

gewidmet

Vorwort.

Diese Blätter sind zuerst nur für meine Gemeinde niedergeschrieben, um ihr aus dem Bilde der Vergangenheit eine um so größere Liebe zum heimathlichen Boden, zum theuren Vaterland zu erhalten. Wie einem liebevollen Kinde spät noch jede Stelle der Wohnung geheiligt ist, in der es im Kreise theurer Eltern einst der Jugend Tage froh und fröhlich zubrachte und den Grund zum künftigen Leben gelegt weiß, so muß der Ort, wo unsere Väter mit ihren Leiden und Freuden wohnten, dem kommenden Geschlecht eine Stätte kindlich frommer Erinnerung sein, die die Kinder und Kindeskinder stets mit würdigen Thaten zu ehren suchen. — Wohl sind in den einzelnen Familien Erinnerungen aus früheren Zeiten, aber sie reichen gewöhnlich nur in zuverlässigen Aussagen so weit der Einzelne sich selbst nur seiner Großeltern erinnert. Was über jene Zeit hinausgeht wird zu Sagen, oder verschwindet nach und nach vollständig aus dem Gedächtniß der Gemeinde. Daher kommt es, daß die Geschichte des Orts in seiner frühern Gestalt den Bürgern fremd wird. Nur Aufzeichnungen können die Bilder der Vorzeit der Vergessenheit entreißen. — Meine Gemeinde wird in der Geschichte ihres Orts darum auch Vieles finden, wovon sie bis jetzt Nichts wußte, während Anderes, was als Sage vielleicht von Mund zu Mund ging — wie z. B. die Kirche sei ein Kloster gewesen und habe einen unterirdischen Gang in den Ort gehabt u. s. w. — sich ganz anders gestaltet. An das, was hier zusammengestellt, kann sie nun das Kommende anreihen, so daß der Vater das Kind immer sicher darauf hinweisen kann.

Andere kümmern sich um eine Dorfgeschichte meistens wenig. Die darin vorkommenden Dinge scheinen ihnen fremd, darum beachten sie es nicht und sehen darüber als über Etwas, das im Augenblick nicht unterhält, sondern langweilt, hinweg. Und doch möchten solche Einzelschriften ganz besondern Zweck haben. Die Geschichte im Allgemeinen beschäftigt sich natürlich nur mit großen Ereignissen und Thatsachen, wobei einzelne Orte oft nur vorübergehend da und dort erwähnt werden. Ein Bau kann nur durch Einreihung der einzelnen Steine zur Vollendung kommen, und so kann auch erst, wenn von den einzelnen Orten, aus denen die Heimath besteht, die Geschichte dargelegt ist, ein vollständiges Ganze zu Stande kommen. Wir haben so viele Orte und so wenig Ortsgeschichten, und doch kann nur eine rechte Liebe zur Heimath kommen, wenn der Einzelne mit dem Reden und Thun seiner Ahnen durch die Bande der Geschichte verbunden ist; dann dürfen wir nicht fragen, was ist das Vaterland, sondern Jedes weiß zu sagen: das ist mein Vaterland, ihm gehört mein Thun und Streben.

In diesem Sinne wollte ich nach meinen Kräften in der Geschichte meines Orts einen kleinen Beitrag zur Geschichte unserer geliebten Heimath geben, und Andere, die Zeit und Lust hätten, bitten, Aehnliches zu thun, daß die Liebe zu unserm deutschen Vaterland immer lebendiger vor die Augen geführt, immer tiefer in die Herzen geschrieben wird.

Meiner Gemeinde möge die Geschichte ihres Orts ein Familienbuch werden, worin die Eltern mit den Kindern stets lesen, damit die Einzelnen wetteifern, wie die künftigen Blätter nur reden von würdigen Thaten aus frommem Dank zu Gott gethan.

Rußheim, im November 1859.

F. Hock.

Name, Lage und natürliche Beschaffenheit des Ortes.

Im Großherzogthum Baden ist nur eine einzige Gemeinde, die den Namen Rußheim führt — nur bei St. Leon (Bez.-Amt Philippsburg) ist ein Rußheimer Hof, über den wir nichts Näheres finden können. Der Name des Ortes lautete früher anders, und erst nach und nach durch Abkürzung in der Aussprache ist der jetzige Name entstanden. In der ältesten Urkunde aus dem Lorscher Kloster vom Jahr 784 ist der Name Ruchesheim,[1] wie auch in dem Vertrag des Markgrafen Hermann VII. von Baden mit dem Grafen Heinrich von Zweibrücken 1285[2]). In einer spätern Urkunde bei einem Lehenrevers des Ritters von Schmalenstein heißt es Ruchsheim, 1390[3]) wird Ruchsheim geschrieben, und 1399 steht in einem Briefe Gerhardts von Ubstadt Rurheim.[4]) Erst das Jahr 1426 läßt den Namen so geschrieben sein, wie er heute noch im Gebrauch ist — Rußheim.

Der Ort selbst nun liegt an der nordöstlichen Seite der Pfinz, nur wenige Ruthen von deren Einmündung in den Rhein, von dem es, d. h. dem jetzigen Alt-Rhein, etwa fünf Minuten entfernt ist. In der ehemaligen Markgrafschaft Baden war es an der nordwestlichen Seite ein Grenzort an das Bisthum Speier, von welcher Stadt es 3 Stunden entfernt ist — eine Stunde westlich von Graben. — Durch die Nähe des Rheins ist die Luft ziemlich rauh, und das Klima war früher durch die vom Rhein

---

[1] Cod. Lauresh. diplom. tom. II. S. 320.
[2] Schoepflin histor. Zaring. Bad. II, 14. Sachs Einleitung in d. Gesch. Bad. 2, 32.
[3] Sachs 2, 194.
[4] Sachs 2, 211.

gebildeten Sümpfe sehr ungesund, wodurch sehr häufig Fieber entstanden; ein Uebelstand, der jetzt durch die Verlegung des Rheinbetts und die durch den Kanal bewirkte Entwässerung beinahe ganz gehoben ist.

Das Dorf hat mehrere Straßen; die Hauptstraße zieht von Osten nach Westen, wobei der östliche Theil die untere, der westliche, vom Rathhaus an, die obere Gasse heißt, deren Name früher Rathhausgasse — auch Almendgasse — war. Von dieser Gasse zieht vom jetzigen Rathhaus nördlich eine andere ohne besonderen Namen, und war die Verbindungsstraße nach Knaubenheim, Germersheim, jetzt nach Huttenheim, und parallel mit der östlichen Hälfte der Hauptstraße ist zuerst die Geißgasse, dann nördlich von dieser die Zolbengasse; auf der südlichen Seite zieht parallel die Hintergasse, die in einem Rechteck sich mit der Vordergasse verbindet, wie auf der nördlichen Seite das Pfeifergäßchen in die Hauptstraße geht. Auf der westlichen Seite des Dorfes zieht noch von Norden nach Süden das Herrgottsgäßchen. — So hat das Dorf eine Länge von 123 Ruthen und eine Breite von 144 Ruthen.

Zu dem Orte gehören noch die Schleifmühle bei dem von Graben und Liedolsheim sich vereinigenden Wege; an dem Wege nach Graben die Gerberei mit Wohnhaus, und nicht weit davon die Waldmühle.

Die Häuser sind beinahe alle nach ihrer Bauart und nach einzelnen in das Gebälk eingeschnittenen Zahlen aus der Zeit nach dem 30jährigen Krieg; das älteste von denen, die über diese Zeit hinausreichen könnten, ist wohl das Haus in der Hintergasse, jetzt Eigenthum der beiden Friedrich Schmidt und Friedrich Fetzer. [1]

---

[1] Ein Andenken an das alte pfälzische, eine halbe Stunde von Liedolsheim am Rhein gelegene Dorf Dettenheim — 1811 als Carlsdorf (Oberamt Bruchsal) nach dem früheren Altenbürg verlegt — ist das Haus von August Hornung. Es war in Dettenheim das Wirthshaus zum Lamm, und wurde, um 800 fl. gekauft, 1811 hieher versetzt.

Die Kirche steht außerhalb des Dorfes auf einem Hügel und ist nach Lage und Bauart das älteste Gebäude des Dorfes.

Die auf der Südseite des Ortes fließende Pfinz wird auch Mühlbach genannt, und erhält einen kleinen Zuwachs ihres Gewässers durch den wenige Ruthen unterhalb der Schleifmühle einmündenden Liesemer Graben, heißt von da an auf dem kurzen Lauf noch bis zum Rhein die Herrenbach, weil die Herrschaft das Fischereirecht von da an hat.

In 177 Gebäuden wohnen jetzt 284 Familien mit einer Seelenzahl von 1284 Einwohnern.[1]

Gemarkung und Grundvermögen der Gemeinde.

Die Gemarkung kann wohl mit zu den größeren der Gemeinden des Landes gezählt werden, wie auch jetzt zu den fruchtbaren und gesegneten, und hat eine Ausdehnung von Osten nach Westen, von Neudorf bis an den Rhein von 1 Stunde, von Norden nach Süden von dem alten Landgraben[2] bis zum Liesemer Graben, Liebolsheimer Gemarkung, eine starke halbe Stunde — der Umfang ist 4 Stunden. Das Bild der Gemarkung ist seit etwa 28 Jahren, seit dem Durchschnitt des Rheines nach dem Plane des Obersten Tulla, ein ganz anderes geworden. Wo früher Sümpfe waren und durch das hohe Wasser die Ernte nur mit Noth nach Hause gebracht werden konnte, ist jetzt das schönste, ergiebigste Feld, auf dem alle Fruchtgattungen gedeihen. Reben, die vor einigen Jahren auf sandigem Boden angelegt wurden, sind jetzt wieder entfernt.

Vorherrschend ist der Torfboden; die übrigen vorkommenden Erdarten sind Lehm, sandiger Lehm, Sand- und Kiesfeld.

---

[1] 1804 war die Zahl der Gebäude 116 — die Seelenzahl 613. — Die bad. Markgrafschaft von Jos. Wilh. Schmidt. 1804. S. 131.

[2] Der Grenzstein der Markgrafschaft und des Bisthums Speyer steht heute noch auf dem Rheindamme mit der Jahreszahl 1582.

Der Flächeninhalt der Ortsgemarkung, in etwa 50 Gewanne mit je eigenen Namen¹) eingetheilt, hat etwa
1732 Morgen 2 Viertel 10 Ruthen 96 Fuß; davon sind
622 „ 2 „ 87 „ 77 „ Aecker,
547 „ 3 „ 74 „ 78 „ Wiesen,
452 „ 2 „ 3 „ Wald und Torffeld,
20 „ — „ — „ Waide,
31 „ — „ 51 „ 62 Fuß Hausplätze.

Nach der Beschaffenheit des Bodens werden davon wohl
300 Morgen Lehm-,
80 „ Sand- und Kies-,
328 „ sandiger Lehm-,
1000 „ Torfboden sein.

Der kleinste Theil davon ist Privateigenthum — der größte Privatbesitz ist 12—15 Morgen, der meiste 4—8 Morgen. Alles Uebrige ist Almendgut, von dem jeder Bürger gegen sechs Morgen erhält.

Das Gesammtsteuerkapital beträgt:
1) Grund-, Häuser- und Gefällsteuer 627,420 fl.
2) Gewerbsteuer . . . . . . 153,925 „
3) Kapitalsteuer . . . . . . 22,000 „
803,345 fl.

Auf der Gemarkung selbst sind besonders in den letzten 30 Jahren große Veränderungen vorgegangen, wodurch die Gemeinde viel an fruchtbarem Feld gewonnen hat. So ist das Gelände dem Rheine zu gutes Feld geworden, durch Ausebnung des sog. Mörsch wurde der Boden nutzbar; die Flachenwiesen-

---

¹) So hat eine Gewann bei Huttenheim den Namen Kaffeeäcker, weil die damaligen Gerichtsherren nach der Vertheilung zur Erholung von ihrer Arbeit sich in einem Wirthshaus Kaffee machen ließen.
S. G. H. der Hr. Markgraf Maximilian hat Tulla in Anerkennung der gerechten Verdienste auf Maximiliansau ein einfaches Denkmal errichtet, aber noch mehr sind die untern Gemeinden des Landamts Karlsruhe verpflichtet, den Namen des Mannes dem kommenden Geschlechte zu erhalten.

äcker auf der nordwestlichen Seite der Gemarkung, auf den Landgraben stoßend, gaben, zum Theil Waide, fast gar keinen Ertrag. — So sind auch aus der großen Waide herrliche Aecker geworden, nachdem früher schon auf der südöstlichen Seite 1770 und 1772 ein Theil Wald ausgerodet wurde, wovon heute noch das Feld den Namen Waldstücker hat.

So werden die segensreichen Folgen des Rheindurchschnitts und des dadurch hervorgerufenen Entwässerungskanals [1] immer sichtbarer.

Der Wald ist ganz Eigenthum der Gemeinde, ebenso der Torfstich, der erst 1827 begonnen wurde und der Gemeinde jährlich, nachdem jeder Bürger gegen Ersatz des Stecherlohns 6000 Steine erhält, etwa 700 fl. einträgt.

Aelteste Geschichte des Orts.

Die früheste Nennung des Namens Rußheim fanden wir in einer Urkunde des Lorscher Klosters vom Jahre 784 [2], wornach ein Gerold und seine Frau Imma von Einichen ihre Güter zu Rußheim nebst denen an anderen Orten dem heiligen Nazarius schenkten. Im Jahre 1281 tritt Rußheim schon als ein Dorf auf, das lange gestanden haben mag.

Wenn auch nichts Bestimmtes über die früheren Zustände vorliegt, so ist es wohl immer dem Freunde seines Ortes wie dem Kinde seiner Heimath erlaubt, die Spuren der Geschichte zu verfolgen und mit so viel Wahrscheinlichkeit als möglich aus

---

[1] Dieser Kanal wurde in den 30er Jahren gebaut. Er hat seinen Anfang auf unserer Gemarkung in der Mitte zwischen Huttenheim und hier, und geht bei Philippsburg in den Rhein. Der Bau kostete etwa 10,000 fl., wovon die hiesige Gemeinde — wie auch immer zur Unterhaltung — die Hälfte zahlte, weil sie den größten Vortheil hat. Die zweite Hälfte durch die angrenzenden Gemeinden Graben, Neudorf, Huttenheim, Rheinsheim und die großh. Domäne wegen ihres Torflagers.

[2] Gen. Landesarchiv Cod. Lauresh. dipl. II. 320. — Siehe Anhang.

den grauen Zeiten des Alterthums in einem Bilde für die Gegenwart zu zeichnen.

Der Name unseres Dorfes ist Rußheim, und er liegt an der Mündung der Pfinz in den Rhein — zwei Worte, die ursprünglich nicht zusammengehörten, da der untere Lauf der Pfinz ein Werk der Römer ist und heim als Endsilbe den Franken angehört.

Das jetzige Wiesenthal war früher Rheinbett, und es mag so der Hügel, auf dem die Kirche steht, mit einem Theil des gegen Osten grenzenden Landes vom Rhein umgrenzt gewesen sein, so daß dieser Hügel den Römern für die Bewachung des Rheins wichtig wurde, nachdem der dritte Durchstich des Rheins an der Pfinz[1]) (der erste bei der Murg, der zweite bei der Alb) geschehen, zwischen Neutharb und Graben (dessen Namen fossa, Erinnerung an Durchschnitt) und an unserm Ort in das Hauptstrombett geführt war. — Da in dem eine Stunde entfernten Graben eines von den acht Hauptkastellen[2]) war, so mag wohl der hiesige Hügel eine Warte geworden sein, da in geringer Ent-

---

[1]) Mone Urgeschichte Bad. I, 249: Die Pfinz heißt alt Phuncin vom latein. pontes (Brückenbach) also römisch, wie Graben und Langenbrücken (longae pontes) alle 3 auf röm. Wasserbau. — Die Pfinz hat in ihrem Laufe durch die Nähe der ehem. Residenz Durlach einige Veränderungen erlitten; ihre Vertheilung in mehrere Rinnsale (oder Runsen mit aufgeworfenen Rainen oder Dämmen zu beiden Seiten), wovon die alten Gießgraben alte Bach heißen, sowie die künstlichen Raine und die Richtung auf der röm. Linie lassen jedoch den alten Zweck dieser Arbeit noch erkennen. Diese Durchstiche vom Ostrhein (der alte östl. Rheinarm von der Murg bis gegen Wiesloch zieht parallel an der röm. Linie von Rüppurr bis Wersau und Waldorf) in den Mittelrhein ließ Kaiser Valentinian (367) graben und leitete dadurch das Wasser wieder in den Hauptstrom.

[2]) Das erste war an der Mündung des Mains (Gustavsburg, jetzt Kufstein); das zweite an der Mündung der Weschnitz (Höllenstein, jetzt Hof Stein); das dritte Burg Eicholzheim, oberhalb Mannheim, jetzt Rennershof; das vierte Altripp; das fünfte das alte Kastell zu Philippsburg (früher Ubenheim); das sechste Graben; das siebente Mühlburg; das achte Rastatt. Mone Urgesch. I, 249.

fernung davon, kaum zehn Minuten, in der Linie nach Graben heute noch eine Stelle Burgstall ¹) heißt. Dies war eine erhöhte Stätte mit Mauerwerk und einem Graben eingefaßt — zuversichtlich ein römisches Wasserkastell. ²)

Die Kirche auf dem Hügel hatte einst den Namen Michaelskapelle, und wo Michaelskapellen, war beinahe überall röm. Gebiet, röm. Wohnungen und dem Mercur geweihte Stätten, also für den Handel bedeutende Orte, die unter dem Schutz des Gottes des Handels gestellt waren.

Ein weiterer Beweis ist noch die Umgebung der Kirche, wo jetzt der Kirchhof ist. Da sind nämlich auf der nordöstlichen Seite gegen den Burgstall hin etwa 3—4 Fuß unter der jetzigen Oberfläche Reste von altem Mauerwerk von außerordentlicher Festigkeit, meist von Ziegelsteinen, wozu ja das nicht weit entfernt liegende Zabern, das die großen Brennereien hatte, wie Riegel am Kaiserstuhl, leicht das Material liefern konnte.

Es wird demnach wohl als gewiß anzunehmen sein, daß ein Kastell da war und ein Mercurtempel; wenn es auch in den Gült- und Zinsbüchern des Karlsruher Archivs beim Burggraben zu Knaubenheim ³) 1466 heißt, daß man nicht Rücksicht nehmen

---

¹) Der röm. Kaiser Augustus hatte (68 n. Chr. G.) am ganzen Rheinufer Besatzungen vertheilt, um die Deutschen vom Uebergang des Flusses abzuhalten. Dazu dienten hauptsächlich die Kastelle. Wenn dies später zum Theil an die Deutschen verloren ging, da der Rhein (nach Symmachus), ein halbbarbarisches Ufer, so errichtete Kaiser Valentinian I. 367 auf's Neue eine Uferwache zur Sicherheit der Schifffahrt, zur Verproviantirung der Festungen auf dem rechten Rheinufer. Mone Urgesch.

²) Erst vor wenigen Jahren wurden die Steine weggenommen und die Gräben ausgefüllt mit der Erde, die etwa 4 Fuß höher war als jetzt. Stall, zusammengezogen aus Stabel, Scheuer, Scheune — Burgstabel oder Burgstall, eine Stelle, worauf die Burg steht — ihre überbaute Grundfläche — wie heristal Heerstelle — Lager. Mone Urgesch. a. a. O.

³) Knaubenheim war ein Ort am Rhein in der Mitte zwischen Germersheim und Rußheim. Die vielfachen Ueberschwemmungen des Rheins, und besonders der Dammbruch 1758, durch den der Ort neun Wochen unter

brauche auf die außerhalb des Dorfs Rußheim auf einem Hügel stehende Kirche, obgleich ihre Lage für ein röm. Kastell ganz geeignet ist.

Da Kaiser Probus an unserm Grenzland solche Orte an Soldaten zur Bewachung gab, wofür sie Güter und Wohnungen zu ihrem Unterhalt und das Recht, Naturallieferung zu erheben, erhielten (cod. Theod. II., 1), so wird wohl die Entstehung des Ortes, d. h. die ersten Anfänge zu einem solchen, von vorgeschobenen Wachposten — einer statio agraria — nicht bezweifelt werden können.[1])

Die deutschen Bewohner unserer Gegend waren die Celten[2]),

Wasser war — die Kirche stand einst wo jetzt die Mitte des Altrheins ist —, veranlaßte den damaligen Landesfürsten, Fürstbischof von Hutten, den Ort zu verlegen. Dies geschah 1758 — eine halbe Stunde weiter östlich auf's Hochgestade —, wobei Hutten der Gemeinde Hausplätze und Feld gab. Der Ort ward Huttenheim genannt. — Nach einer Aufzeichnung des ersten Bürgermeisters in Huttenheim, Johann Weingärtner, vom Jahre 1760 wäre in den Stein über dem Eingang der alten Kirche zu Knaubenheim 795 (?) geschrieben gewesen. — (Kirche zu Bickesheim 9.1.8.)

Am 17. August 1858 feierte Huttenheim das erste Säcularfest, und setzte aus Dankbarkeit seinem Wohlthäter Hutten einen Denkstein an die Stelle des alten Ortes, sowie in die Mitte von Huttenheim.

[1]) Nicht weit davon, in der Richtung nach Neudorf, wurde diesen Sommer im herrschaftl. Torflager mehrere Stücke einer einzelnen Felsart gefunden, die Hr. Dr. Sandberger in Karlsruhe für Nephelin — Lava aus dem Laacher Seegebiet erklärte, welche die Römer häufig als Handmühlsteine mit sich führten.

[2]) Galen und Celten oder Kelten waren ursprünglich wohl ein Volk, denn während das jetzige Frankreich bei den Römern Gallia hieß, wurde es von den Griechen Γαλατία genannt, die Bewohner Galatae Γαλάται und auch Celtae, Κελτοί. Nach Diod. Sic. 5, 24 stammt dieser Name von Galatas (Sohn des Hercules), d. i. dem Auswanderer nach dem phönic. und hebr. Wort (גלה) Galah, auswandern; demnach hätte der Name Galatae die Auswanderer oder das Wandervolk in der ältesten Geographie bezeichnet, wornach durch Abkürzung Coltae und Galli entstanden wären.

In dem jetzigen Huttenheimer Wald sind mehrere Grabhügel. Einige

die deutschen Alemannen, obwohl auch in einzelnen Worten Spuren galischer, wälischer und irischer Elemente[1]) liegen.

Eigenthümer des Landes waren die Römer, denn nach dem röm. Staatsgesetz gehörte das oberrheinische Grenzland dem Kaiser und wurde nie an die Deutschen abgetreten. Für den ruhigen Besitz mußten sie sich Bedingungen gefallen lassen, welche die Römer vorschrieben, wie Besatzung, Truppenstellung, Lieferungen, Frohnden, Abgaben.[2])

Viele Wahrscheinlichkeit hat es, daß der deutsche Fürst Chnobomar, der 357 vom Kaiser Julian gefangen nach Rom geführt wurde, sein Land als solche Besitzungen in unserer Gegend gehabt hat, da mehrere Orte Aehnlichkeit mit diesem Namen — der in Kanut und Knut überging — haben. So Knielingen (Cnuobelingen, Chnolingen), und besonders der eine halbe Stunde von hier frühere Ort Knaudenheim.

Am 31. Dezember 406 gehen die Alanen, Vandalen und Sueven über den Mittelrhein, und 408 ist der allgemeine Ein-

---

baren wurden den Sommer geöffnet; die gefundenen Gebeine deuteten auf kleine Personen, was gerade auf Celten hinweist, die klein gestaucht von Natur waren. Auch lagen Bruchstücke von Aschentöpfen dabei, sowie ein Halsring von Bronze. Vor fünf Jahren wurde bei Neudorf beim Torfstechen 4 Fuß tief eine celtische Speerspitze gefunden. Sie ist etwa 3 Zoll lang, von Bronze. Hr. Konservator v. Bayer hat dieselbe für die Sammlung in Karlsruhe angekauft.

[1]) So am Rhein das Mörsch — moriask — irisch — cosk, corragh, tiefliegender, sumpfiger Boden.

Die Heglach, Bächlein, das bei Graben in die Pfinz geht und die alte Römerstraße — Hochstraße im Park — durchschneidet — wälisch eg, gebautes Feld — (Hegau — Bauland). So eine Brühl, tiefliegendes Wiesenland aus dem wälischen bro. Mone Urgesch. a. a. O.

[2]) Liban. de nece Juliani pag. 254. $Κελτοὶ$ sind nach Mone Urgesch. hier die deutschen Alemannen, wie auch bei andern Schriftstellern seiner Zeit. pag. 257 $ἀναπνεύσαντι\ Κελτοὶ$ geht nur auf die Alemannen, nicht auf die Gallier.

354 nachdem Constantius die Rhone herauf bis Augst (Rauracum) bei Basel gekommen war, wurde Friede mit den Alemannen geschlossen, in welchem ihnen der Besitz des rechten Rheinufers anerkannt wurde.

bruch der oberdeutschen Völker in Gallien, wobei Mainz, Worms, Speier und Straßburg erobert und der röm. Herrschaft am Rhein ein Ende gemacht wurde.

Da bei den alemannischen Königen (nach Ammian. Marcellin) die Gebiete pagi [1]) hießen, so wurden auch unter den späteren Franken die Bezirke Gaue genannt. Unser Rußheim, d. h. der nördliche Theil der Pfinz, gehörte zu dem pagus Creichgowe, Kreichkowe, Herzogthum Rheinfranken und kam später, wie der südliche Theil, ganz zum pagus auciacensis, Ostfranken und darin zum Ufgau. [2])

Daß die Gründer und ersten Bewohner des Orts, wenn es auch vielleicht im Anfang nur Hütten für Fischer und Schiffer waren, Franken waren, beweist die Endsilbe „heim", die von ihnen gewöhnlich an vorgefundene und fremde Ortsnamen angefügt wurde. Auch der größte Theil der Wohnungen führt auf die ursprüngliche Bauart der Franken zurück, die vorherrschend Giebelfronten hatten. Bei ihnen ist hinter dem meist einstöckigen Hause im rechten Winkel gewöhnlich die Stallung und Scheuer, wodurch neben jenem ein bequemer Hofraum entsteht; von ihm führt eine Thüre an der langen Seite in das Haus, worin sich vornen die Wohnstube, in der Mitte die Küche und hinten die Kammern befinden, während ein Gemach unter dem Giebel eine Art zweiten Stocks bildet. Diesen Charakter behalten im Allgemeinen die Bauernwohnungen durch's ganze Rheinthal abwärts bis an den Odenwald. — S. Baden v. Heunisch u. Baber. S. 283.

Wohl hat sich in der einen und andern Familie die Meinung

---

[1]) Der Begriff des pagus ist Landbezirk, oder was wir unter dem Namen Landbezirk verstehen, worin keine Stadt liegt. Die Deutschen hatten keine Städte; ihre Bezirke waren darum nur ländliche. Mone Urgesch.

[2]) Der Kraichgau umfaßte das Wassergebiet der Kraich mit der Saalbach bis in die Hardtebene, von wo der Auglachgau sich bis an den Rhein erstreckte, wo er an das Ufgau jenseits der Pfinz grenzte.

Der pagus Ufgouwe oder Huffgouwe ist zu suchen, wo nun die Markgrafschaft Baden ist, und zwar zwischen Graben und Ettlingen an dem vererbt, als ob der Ort seinen Namen von einem Ritter Ruchen habe, der auf dem Burgstall sein Schloß gehabt, das mit Gärten und Weihern umgeben gewesen sei. — Wir konnten davon durchaus Nichts finden und können nur einen Ruchen, nämlich Johann von Ruchen, dessen Gemahlin, Emilie, — nach Pistorius die Tochter Otto's II. von Hochberg (1369—1386), und eine Schwester Malterers, Ritters von Freiburg war.

Um diese Zeit ist aber schon längst von Rußheim die Rede.

Bestimmte Landesherren des Orts.

Wohl ist anzunehmen, daß das Bisthum Speier, wohin unsere Gegend gehörte, auch einigen Besitz und Rechte hier hatte, und es könnte unter der Schenkung, nach der Kaiser Heinrich III. im Jahre 1046 dem Stift Speier ein Gut (praedium) mit seinem Zugehör in Villa Baden gibt, auch diese Gegend gemeint sein.[1]

Rhein zwischen Pfinz (Saalbach) und Alb. Das Chron. Gottwic IV., p. 832, 5 setzt dahin Gentlingen (Knielingen), Dettenheim, Frekestatin. Heconstein (Eggenstein), Linchenheim (Linkenheim), Vefrisse, Wunesheim (?). — Dies ist ein Theil des Bezirks, der im Lehenbrief Kaiser Karl's IV. vom Jahr 1363 das Land von Graben bis gen Mülenburg an der Albe genannt wird. Sachs I., 138. Die Saalbach oder Pfinz waren, wie es scheint, nicht die Grenze der beiden Gaue, sondern etwa die Mitte zwischen beiden Bächen, wie heute noch die Rußheimer Gemarkung ist, auf der nördlichen Seite.

[1] cf. Cod. diplom. Bad. ad. a. 1046. Schoepflin hist. Zar. IV., 18, und Sachs 1, 262, wornach dieses praedium in Villa Baden nicht die Stadt, sondern ein Landbezirk in Baden ist in dem Ufgau in der Grafschaft Adelbert's. Dieser ist zwar Graf von Calv, aber seine Tochter Jubitha war an Markgraf Hermann I. von Baden vermählt und Mutter von Hermann II. So hat durch Jubitha Hermann die Villa Baden bekommen. — Rothenfels ist zwar bestimmt genannt, in comitatu Adelberti comitis in pago Uffgowo, und wäre somit anzunehmen, daß der Ufgau dem Grafen von Calv gehörte und durch Erbschaft an die Markgrafen von Baden kommt.

Die ersten bestimmten Nachrichten über den Ort finden wir im Jahre 1281 als im Besitz des Markgrafen von Baden, wornach nach einem Streit mit den Grafen von Zweibrücken im Frieden, abgeschlossen am St. Urbanstage, bestimmt wurde, daß der Markgraf das Gut zu Liutolsheim und Ruchesheim mit 190 ℔ Heller [1]) von Walraf von Zweigenbrügge (Zweibrücken) und seines Bruders Symons des Grafen von Eberstein lösen möge.[2])

Nach einer Urkunde der Stadt Speier wurde Donnerstag vor U. Fr. Tag 1335 ein Vertrag geschlossen zwischen Markgraf Hermann von Baden und Jungfrau Heile zu Speier wegen eines

Liebolsheim war im Ufgau und ist immer mit Rußheim genannt — und so gehörte Rußheim damals ganz bestimmt auch zum Ufgau.

[1]) Ein Schilling Heller nach markgr. Währung 6 Pfennig oder 2 Kreuzer 4/7 Pf. Reichswährung. 28 Schilling Heller 1 Reichsgulden. 1 ℔ Heller macht 20 Schilling Heller oder 10 Schilling Pfennig. Natürlich nach den Zeiten der Werth des Geldes verschieden.

[2]) Markgraf Rudolf I. von Baden (1243—1258) hatte sich mit Kunigunde, Tochter Otto des Aelteren, Herrn zu Eberstein, vermählt, und bekam dadurch das erste Recht auf die Grafschaft. Nach dem Tode seines Schwiegervaters Otto geht er am achten Tage nach Walburgis mit seinem Schwager Otto d. J. wegen der Erbschaft einen Vergleich ein — dabei waren Cod. dipl. Bad. num. 167 — die Mannlehen ausgenommen — „were aber, daß wir ohne Kinder abgingen, so sollten sie wieder fallen an den Markgrafen von Baden." Dieser Fall trat wirklich ein. Sachs, II., 27. — Die Tochter Eberhard's IV., Grafen von Eberstein, Agnes, war an Heinrich II., Grafen von Zweibrücken, vermählt und hatte 4 Söhne und 2 Töchter; der älteste dieser Söhne war Simon. Als Eberhard V. 1253 ohne männliche Erben starb, suchte dessen Vater Eberhard IV. seinem ältesten Enkel, Simon von Zweibrücken, die Erbschaft in den eberstein. Besitzungen zu sichern, übergab ihm deßhalb noch zu seinen Lebzeiten einen Theil derselben und fügte zu Namen und Wappen der Zweibrücker, die Simon von seinem Vater ererbte, auch noch seinen Namen und Wappen von Eberstein. Siehe v. Krieg, Gesch. der Grafen v. Eberst. I., 38. — Die Söhne dieses Simon von Zweibr., Heinrich und dessen Oheim Walram, waren nach Simon's und Otto's von Eberstein Tod mit Markgraf Hermann VII. von Baden noch bei Lebzeiten seines Vaters Rudolph wegen der Dörfer Liebolsheim und Rußheim in Fehde gekommen. Die Zweibrücker wurden geschlagen.

Hofguts zu Rugsheim, wornach jährlich auf U. Frauentag die auf Mittelmesse schuldige 72 Korngild nebst 40 Malter drgl. so noch im Rückstand hafften, zu zahlen sind.¹)

Der Markgraf gab seinen Theil von Rußheim wieder zu Lehen, und zwar an die von Ubstadt²), von denen es an die Herren von Lichtenberg³) kommt. Dieser besaß den dritten Theil von Rußheim, denn am Samstag nach St. Gallen 1342 stellte Albrecht Hummel, Herr zu Lichtenberg, einen Consensbrief gegen Gerhardt von Ubstadt aus, daß er den dritten Theil von Rußheim seiner Schwester Guthen, so an Hans von Schmalenstein vermählt, verschreiben möge.

Rußheim war in der damaligen Zeit schon eine Vogtei. Das sehen wir aus einer Urkunde vom Jahre 1389, nach welcher am St. Gallustage der Ritter Cunrad von Schmalenstein dem Markgrafen Bernhard I. einen Lehenrevers ausstellte über Graben, den obern Theil — der halbe Theil — Lutolzheim, die zwei Theile an der Vogtei **Ruchsheim**, die **zwei Theile** an der Vogtei, das Burgstabel von Klingenberg, das dem verstorbenen Beringer gehörte; die dazu gehörigen Aecker, vier Morgen Wiesen und einen Wassergilt, Jahrs 10 ₰ Schill. Heller und das Holz, genannt das Kysers Holz, und was zu Klingenberg gehört, welches der abgelebte Beringer inne hatte.⁴) —

---

¹) Gen. Landesarchiv Repertorium über Oberamt Durlach, Pforzheim.

²) Swiger von Ubstadt, ein Edelknecht, hatte 1306 schon von den Markgrafen Graben zu Lehen, und 1310 verkauft Ritter Dietrich von Ubstadt all' sein Gut zu Graben ꝛc. mit allem Rechte, wie er solches von seinem Vater sel., Hrn. Gerhard von Ubstadt ererbte, um 700 ₰ Heller seinem Hrn. Markgrafen Rudolphen von Gottes Gnaden, dem Alten von Baden, von dem er es zu Lehen hatte. Sachs 2, 71.

Das Ubstadt'sche Lehen zu Rußheim war wahrscheinlich auf der nordwestlichen Seite des Orts bis an den Landgraben, da dort größere Stücke sind mit einem Graben, der heute noch Gerrets Rain (Gerhard's) R. heißt.

³) Die Herrschaft Lichtenberg in der Ortenau. Die Gemahlin Rudolph's III. von Baden (1384—1428) war Abelheid von Lichtenberg.

⁴) Sachs 2, 194.

(Mone bringt dieses Burgstabel von Klingenberg ins Oberamt Brackenheim, aber wahrscheinlich ist auch dies von Rußheim gemeint, nämlich der Burgstall (s. Seite 7) zu dem später Güter gehörten, die heute noch Burgstallgärten heißen; ebenso heißt der Theil südwestlich von diesem Burgstall, von der Schleifmühle längs der Pfinz bis zur Kirche, wo er sich zu einem Hügel erhebt, das Klingel, und von da an hat die Herrschaft heute noch das Fisch=(Wasser)recht, also der Burgstabel am Klingenberg).

Von dieser Zeit an wurde Rußheim durch Verpfändung und Verschreibung von einer Hand in die andere gegeben, denn schon 1390 verpfändete obengenannter Conrad (Cunz) von Schmalenstein[1] und seine Frau Else von Urbach[2] am Sonntag vor

---

[1] Die Herren von Schmalenstein waren in der Gegend von Neuenbürg. — Dort wurde in Folge des Schweglerkrieges die Veste Strubenhard zerstört, wovon noch Reste im Walde bei Neuenbürg sind. Sie müssen sehr begütert gewesen sein. Die Burg war in Weingarten bei Durlach. 1296 ist dort eine domina de Smalenstein mit ihrem Sohne Johannes, und 1283 gibt Conrad von Schmalenstein mit Einwilligung seines Bruders Eberhard dem Kloster Herrenalb alle sein Weingärten auf dem Kirchberg und alle seine auf Remigius bisher fälligen Zinsen zu Weingarten und empfängt sie wieder zu Lehen. Hans von Schmalenstein und seine Frau Guthe (Judith) von Ubstadt und ihre Söhne Conrad und Hans verkauften 1370 ihren halben Antheil an der Veste und dem Dorfe Weingarten mit aller Zugehör sammt dem Kirchensatze um 5760 fl. an Pfalzgraf Ruprecht I., von dem sie es zu Lehen gehabt hatten. (Widder 211; — Mone, Gesch. des Oberrh.) — (Die andere Hälfte soll nach Tollner, hist. Pal. pag. 54 erst 1407 durch Hans von Schmalenstein an die Pfalz gekommen sein.) — Die Söhne des Cunz von Schmalenstein hatten 1374 schon ihren Antheil an der Veste Strubenhard auf ewige Zeiten zu einem offenen Hause an Württemberg verschrieben (v. Krieg 73). 1352 verkaufte Cunz von Schmalenstein seinen Antheil an Strubenhard, sein Dorf Langenalb ꝛc. an die Markgrafen Bernhard und Rudolph von Baden um 900 fl. — Sachs 2, 185. — Schöpflin 4, 117. — Kausler, Oberamt Neuenbürg, 98. — Mone.

Die Schmalenstein sind etwas ausführlicher gegeben, weil Rußheim längere Zeit in ihrer Hand war.

[2] Auerbach.

dem Uffartstage mit Bestätigung des Markgrafen gegen Verschreibung die lehenbaren Dörfer Lütbolzheim und Rugsheim für 1200 fl. dem erbaren Knecht Aberlin Bocklin¹). Diese Verschreibung wird im Jahre 1393 nochmals bestätigt am Sonntag vor Simons und Judastag, als ihm der Markgraf erlaubt hatte, seine zweite Frau Ellichin (Adelheid), Tochter des Johannes von Warbenberg, Wittwe, mit 3000 fl., auf die halben Dörfer Lutolzheim und Ruchsheim zu verwidmen, die sie nachher an erbarn vesten Knecht Hanse und Georgen (Hans und Georg) von Gemmingen um 1500 fl. versetzten.

Nach einem Kaufbrief von Freitag Ascensionis 1396 verkauft Heinrich Hummel, Herr von Lichtenberg, an Cunrad von Schmalenstein das Ubstadt'sche Lehen über Rußheim. ²)

Im Jahre 1399 am Samstag nach St. Ullrichstag tritt Ellichin von Warbenberg, Wittwe des Cunz von Schmalenstein, ihr vorhin genanntes Widum auf Lutolzheim und Rußheim (Rürheim) gegen ein Leibgeding an Markgraf Bernhard von Baden ab, verspricht die versetzten armen Leute (Leibeigenen) zu lebigen und die Urkunden über jene Dörfer von dem verstorbenen Gerhard von Ubstadt oder von der Erenberg herauszugeben. ³) — Doch wieder nicht lange waren die beiden Dörfer in der Hand des Markgrafen, denn schon 1421 ⁴) Dornstag (Donnerstag) vor Purificationis tritt Hans Cunzmann ⁵) die zwei Dörfer Lübolsheim und Rürheim, welche Markgraf Bernhard seinem Bruder Hans Cunzmann für sein Lebtag um 2500 fl. gegeben und nach dessen Tod ihm (Hans) gelassen hatte, wieder für frei und lebig ab.

---

¹) Sachs, 2, 194 u. 195.

²) Gen. Landesarchiv Repert. über Oberamt Durlach ꝛc.

³) Die Frau des Hans von Schmalenstein war Uta von Ubstadt und ihre Söhne Cunz und Hans 1370.

⁴) Sachs, 2, 261.

⁵) Hans Cunzmann von Staffort war Vogt zu Baden 1412. Sachs, 2, 244.

Vom Jahre 1426 hören wir, wie Hans von Remchingen [1]) (uf den Mittwuchen nach St. Egidentag), sich eines Drittels an den Dörfern Liebolsheim und Rußheim an den Markgrafen Bernhard begibt, ohne daß vorher irgendwo erwähnt wäre, wie Hans von Remchingen zu diesen Dörfern gekommen. Sein Bruder Heinrich meinte schon, er habe sie fälschlich, und Markgraf Bernhard hatte vor der Begebung schon wegen des Antheils an den Dörfern, wie auch Rinklingen eine richterliche Untersuchung anstellen lassen, wobei die meisten Einwohner vor dem Notar eidlich aussagten, daß diese Dörfer vor diesem Gerhard von Ubstadt gehört haben und von diesem an Cunz von Schmalenstein und dessen nachmalige Gemahlin Ellina von Wardenberg, von diesen aber an Markgraf Bernhard gekommen seien. [2])

Drei Jahre nachher, 1429, versichert Adam von Bach, Edelknecht und seine Ehefrau Gülichin von Wingarten schriftlich das Auslösungsrecht an die ihnen verkauften Dörfer Liebolsheim und Rußheim. [3])

---

[1]) Das Geschlecht der Remchingen ist ein altes adeliges. Wolfart von Remchingen wohnt schon 1165 dem ansehnlichen Turnier zu Zürich bei. Ihre Burg war zwischen Durlach und Pforzheim bei Wilferdingen, wie auch eine andere bei Neuenbürg zwischen Schlutenbach und Dietlingen war.
1304 kaufte Markgraf Friedrich II. mit seinem Bruder Markgraf Rudolph IV. von Albrecht, Herrn von Remchingen, was er an der Burg und am Graben zu Remchingen hat, um 90 ₰ Heller. Hernach gaben die Gebrüder Dietrich und Lutze (Ludwig) von Remchingen, Dietrich's Söhne von Remchingen, ebenfalls für 90 ₰ Heller all' das Gut und all' das Recht, das sie in dem Graben der Burg hatten. Sachs 2, 89.

[2]) Sachs 2, 280 u. 281.

[3]) Adam von Bach finden wir nur 1436 als einen Richter bei dem Manngericht wegen der Lehen der Grafeneck und Pelen und deren Ehemann Hans Dürren von Künspach (Königsbach). — Die genannte Gülichin von Weingarten wird wohl die schon genannte Elichin von Werdenberg, Wittwe des Cunz von Schmalenstein in Weingarten sein, und somit in zweiter Ehe mit diesem Hans von Bach.

Von dieser Zeit an war Rußheim, wie es scheint, ganz in der Hand der Markgrafen, besonders seit der Regierung des friedliebenden Jakob I. 1431—1453.

Nach dem Testamente dieses Markgrafen wurden seine Lande unter drei seiner Söhne getheilt — K a r l, der Baden, die Markgrafschaft Hochberg, Herrschaft Lahr, Grafschaft Sponheim — Bernhard Pforzheim, Neueberstein, Gernsbach ꝛc. — der dritte,[1]) Georg, das Schloß Mühlburg mit den in das Amt gehörigen Dörfern, eben so die Städte Durlach, Ettlingen, Kuppenheim — sodann Burg und Dorf Graben mit den Dörfern Lubolzheim, Rugsheim und Speck, das Schloß Staffurt ꝛc. —

Lange hatte Rußheim auch diesen neuen Herrn nicht, denn Markgraf Georg tritt schon Samstag St. Laurentien seinen Landesantheil zu Pforzheim an seine Brüder Karl und Bernhard ab und begnügt sich mit einer Summe von jährlichen tausend Gulden. — Er hatte, wie seine jüngeren Brüder, den geistlichen Stand gewählt.[2])

Auch Markgraf Bernhard[3]) legte die Regierung in die Hände seines Bruders Karl 1453, der somit wieder Herr aller badischen Lande war.

---

[1]) Die beiden andern Söhne Johann und Marx wurden zum geistlichen Stande bestimmt — Johann wird 1456 Erzbischof und Kurfürst zu Trier (der erste aus diesem fürstlichen Hause). — Marx (Marcus) wird 1465 Protector zu Lüttich, legt jedoch diese Würde nieder und stirbt als Domherr zu Straßburg 1478.

[2]) 1445 schon hatte er mit seinen Brüdern Johann und Marx auf dem Schloß Baden von dem Speierischen Coadjutor die erste Tonsur erhalten. Im Jahr 1447, 24 Jahre alt, wird er vom Bischof Conrad zu Metz zum Coadjutor und Nachfolger erwählt, und ist 1459 schon Bischof und stirbt als solcher 1484 zu Mogenvic.

[3]) Er wollte in der Stille leben und seine Tage als Eremite zubringen, aber Kaiser Friedrich III. bestimmte ihn zum Gesandten an alle europäischen Höfe, dem er auch Gehorsam leistete — wegen eines neuen Kreuzzuges. Nachdem er bei Carl VII. in Frankreich, Ludwig von Savoyen und Pabst Calix III. in Rom war, wird er zu Montcalier bei Turin plötzlich krank und stirbt im dortigen Franziskanerkloster am 15. Juli 1458. — Er wurde hernach selig gesprochen.

Bei der nach dem Tode Markgraf Christoph's I. (1475 bis 1527) eingetretenen Theilung des Landes an die beiden Söhne Ernst und Bernhard (der älteste Prinz Jakob wählt auf Anrathen des Kaisers den geistlichen Stand, ist schon 1503 Churfürst und Erzbischof zu Trier, und † 1511 zu Coblenz) kam der hiesige Ort zu der Ernestinischen — oder Pforzheim — Durlachischen Linie, unter deren weisen gütigen Regierung wir heute noch uns glücklich fühlen.

Ueber diesen weltlichen Besitzern hat Rußheim zum Theil wenigstens auch einen geistlichen Herrn an dem Kloster Lichtenthal,[1] da nach einem noch vorhandenen Kaufbrief[2]) eine Elisabetha von Dornsweiler alle ihre Güter (71 Mrgn. 1 V. 20 R.) zu Rugsheim um 130 Pfd. Heller verkauft an das Kloster Lichtenthal auf fest. b. Valent. 1303.

Dieses Gut blieb bis in die neueste Zeit Lichtenthal unter dem Namen Nonnengut. — Die Aecker hießen die Nonnenäcker und waren als Erblehen wieder einzelnen Bürgern gegeben.

Nach einem Erblehenbrief der Aebtissin und des Convents zu Lichtenthal wurde am Tage Johannes des Täufers 1399 dieses Gotteshauses Hof und Güter zu Rußheim gegen jährlich an dasselbe zu entrichtende 17 Mltr. Spelz und 17 Mltr. Haber, zu einem Erblehen an Hans Moß verliehen.[3]

---

[1]) Markgräfin Irmengard, Wittwe von Hermann V. war die Stifterin. Der Anfang zum Gebäude wurde 1245 gemacht.

[2]) Gen. Landesarchiv Repertorium über Oberamt Durlach; die Urkunde ist auf Pergament in kleinem Format.

[3]) Der zu diesem Gut gehörige Hof, d. h. Wohnhaus und Scheuer, war die jetzige Behausung von Christoph Moos, und das nebenanstehende von Werner, die zuletzt das Lehen hatten (und wahrscheinlich gehörte noch der Ochsen dazu). Dies hat das Kloster gebaut, und es wurde mit den Gütern verliehen; darum auch die Ueberlieferung: wenn die Nonnen hierher gekommen, hätten die Leute aus ihren Häusern fort müssen, d. h. es mußte ihnen zum Uebernachten in ihrem Eigenthum Raum gegeben werden.

Der Verwalter des Klosters kam jedes Jahr mit einem 4spännigen Wagen von Ettlingen hierher, um die Früchte einzuziehen — bis zum

Am Montag nach Margarethentag 1492 wurde von Michael Mose und Martin Gyger von Rueßheim ein Erblehenrevers ausgestellt, gegen die Aebtissin Margaretha geb. Markgräfin von Baden und Convent des Klosters Lichtenthal, wornach solchen von Seiten dieses Klosters, dessen Hof und Güter zu Rußheim gegen jährliche Entrichtung von 17 Mltr. Spelz und 17 Mltr. Haber erblich verliehen worden ist, nachdem es Sonntag Occuli 1472 an Heintz Fleck gegeben worden war. 1653 wurde dieses Erblehen an Paul Spöck und Hans Weber gegen jährlich 11 Mltr. Dinkel und 11 Mltr. Haber vergeben.

Aus späteren Zeiten sehen wir keinen Lehenbrief. —

In späteren Jahren finden wir, daß auch noch Auswärtige Besitz in Rußheim hatten. Nach dem Dorf- und Protokollbuch von 1645 waren Bürger von Liebolsheim, Durlach, Graben, Velheim, Germersheim, Heidelsheim, ein Mühlhof (?) hier begütert, ja der Flecken Knielingen hatte, wie es scheint, ein größeres Gut unterhalb der Kirche längs des Rheins auf dem sog. Mörsch, denn am 5. März 1657 verkaufte der Schultheiß Kiefer von Knielingen für seinen Flecken 1 Morgen Feld auf dem Mörschgraben um 24 fl., und einen halben Morgen um 8 fl., und an demselben Tag noch auf der Mörschgewann 1 Morgen und hinter der Kirche einen halben Morgen um 15 fl.

Dann wird noch das Bayer's Hofgut [1]) erwähnt — die Familie Bayer ist schon längst ausgestorben — das durch Markgr. Karl II. confiscirt und am 27. April 1557 an Peter Weber und Kaspar Hager verkauft wurde.

Jahr 1803, wo es an Baden fiel. — Von da an mußte die Frucht nach Durlach gebracht werden. Erst 1827—1830 wurde abgelöst. — Für das Jahr 1827 wurden 674 fl. 9 kr. bezahlt.

[1]) Ermittelt konnt nicht werden, aus welchem Grunde dieses Gut, das unterhalb der Kirche war, wo jetzt die Schlüsseläcker sind, confiscirt wurde.

Kirchliche Verhältnisse.

Kirche, Kirchhof, Kirchengut, Pfarrei.

Die Kirche ist eines der ältesten Baudenkmale der Gegend, und schon ihre Lage deutet auf frühe Zeit. Außerhalb des Orts auf einem Hügel am Rhein, ist sie eine Zierde der ganzen Gegend und sieht ehrwürdig herab auf die rings um sie her liegenden Gefilde. Da steht sie in ihrer ganz eigenthümlichen Gestalt mit ihrem schwerfälligen Thurm an der vordern südöstlichen Seite des Langhauses, an dem auf der südlichen und westlichen Seite überall Fenster jeder Art unregelmäßig angebracht sind, während sie auf der östlichen Seite groß und der Chor ganz gothisch ist mit seinen leichten Spitzbogenfenstern, wie auch die Thüren. — Ueber das Alter dieses Gotteshauses konnte nichts gefunden werden, da auch die jetzige Kirche nicht mehr in ihrer ursprünglichen Gestalt vor uns steht, denn die Steine des Bauwerks am Chor, die Thüren, wie ringsum am obern Gesims, sind weiße Sandsteine, während das Uebrige aus rothem Sandstein gefertigt ist. Möglich, daß sie bis in's 13. Jahrhundert hinaufreicht in die ersten Zeiten der gothischen Bauten, denn das Innere des Chors hat ein prächtiges Kreuzgewölbe, an dem je ein Schildchen angebracht ist, wovon das eine das badische Wappen, während die zwei übrigen halbliegende Kreuze darstellen. Außen an der östlichen Thüre wie an dem Thurm,[1]) ist das badische Wappen. Am Sockel des Thurms gegen die Kirche ist ein Kopf mit einer Narrenkappe angebracht, wie die Steinhauer im 13. Jahrhundert oft an Kirchen, ja auch in den Kirchen, allerlei unheilige Gestalten anzubringen pflegten.

Aber bei dieser jetzt alten Kirche ist es nicht blos möglich, sondern sogar höchst wahrscheinlich, daß sie auf dem Boden einer

---

[1]) Der Thurm war etwa 40 Fuß höher, von Holz, und wurde vor etwa 70 Jahren abgetragen, weil man von ihm aus gut in die damalige Festung Philippsburg sehen konnte.

noch früheren Kapelle steht. Die Sage zwar geht, es sei hier eine Wallfahrtskapelle gewesen, die dann auf den Michaelsberg bei Grombach verlegt worden sei. Dazu hat der Name Michael das Seine beigetragen, und wie es oft zu geschehen pflegt, ist das Geschichtliche des einen, weil man den Faden verloren, mit dem des andern verbunden worden. Die Michaelskapelle bei Grombach trägt die Jahrzahl 1472, und der Kapelberg wird schon 1401 erwähnt, denn es stand schon 1346 dort eine Kapelle, die einen viel frühern Ursprung hat (nach einer Angabe im Freiburger Kath. Kirchenblatt 1858).

Aber auch unsere Kirche war früher eine Michaelskapelle, was den röm. Ort nachweist und zeigt, daß wohl auch hier an der Stätte der jetzigen Kirche ein Mercurtempel[1]) war, der, wie überall, wo solche Tempel waren, in Michaelskapelle umgewandelt wurde. (So sind außer der Kapelle bei Grombach andere Michaelsberge in der Gegend durch Ausgrabungen als röm. Stätten erwiesen: der Heiligenberg mit seiner Michaelskapelle zu Heidelberg, der Michaelsberg bei Gundelsheim am Neckar, der Michaelsberg bei Bönnigheim (s. Klünzinger, Gesch. des Zabergaus I., 53). — Auf dem Stiftberge bei Sinsheim stand vor der Gründung des Klosters noch eine Michaelskapelle, eben so der Michaelsberg bei Böttingen, bei Neckarmühlbach und bei Riegel am Kaiserstuhl.)[2])

Das Christenthum war ja in dieser Gegend so sehr frühe, daß

---

[1]) Für meine Rußheimer nur die Bemerkung, daß bei den Römern Mercurius Sohn des Jupiter und der Maja, Gott der Beredsamkeit, des Friedens, der Erfinder der Lyra, Schutzgott der Dichter ɛc., aber auch aller klugen und listigen Einfälle, Künste, daher auch der Kaufmannschaft — auch Diebe riefen ihn an (Hor. Sat. II., 6. 5). Jupiter schickte den Menschen Mercur als Boten, der dann Flügel am Kopfe nebst einem Reisehut, und an den Füßen Flügelschuhe trägt, auch trägt er einen Stab, womit er die Menschen in's Reich der Todten und von dort zurückbringt.

Der Erzengel Michael ist auch ein Bote von Gott an die Menschen, darum der leichte Uebergang.

[2]) Mone, Urgesch. I., 264.

wir in Speier, in welches Bisthum Rußheim gehörte, schon im Jahr 346 den Bischof Jassius finden, der wider den Bischof zu Cöln, Euphrates, einen Arianer, der Kirchenversammlung zu Cöln beigewohnt hat. Darum ist auch wohl anzunehmen, daß auch hier früher eine Kapelle an die Stelle des Mercurtempels gekommen; die Knaudenheimer Kirche soll ja die Zahl 795 gehabt haben (Seite 8) und in Eggenstein ist die Kirche auch sehr frühe, denn als Kaiser Heinrich IV. 1060 zu Worms dem Grafen Berthold von Henneberg die Stiftungen des Klosters Gottsau (1010 nach Trith. Chron. Hirsaug.; 1050 nach Gabr. Bucelin.) bestätigte, ist darunter das Dorf Eckenstein mit der Kirche St. Viti und Modesti und allen deren Zubehörungen genannt.[1] — Erinnerungen an die Michaelskapelle hier liegen aber genug in dem Heiligen St. Michael oder St. Michaelsstift, der frühe von der Herrschaft eingezogen wurde und darum in der Gemeinde der Name nach und nach verschwunden ist. Dann ist noch eine Glocke da, die heute noch von alten Zeiten zeugt. Es ist die große Glocke, deren Inschrift, gothisch, heißt:

St. Michael heiß ich,
Zu unserer Frouen Ere lüd ich,
Hans von Bruchsal zu Spyr goß mich
Anno Dmi. 1521.

So ladet sie denn heute noch von ihrem Hügel herab die Gemeinde zu sich zu Trost und Stärkung in Gott, und während in der Gemeinde Alles anders geworden, ist sie geblieben. — Nur die Sakristei, die an der nordwestlichen Seite am Chor war, wurde in den zwanziger Jahren wegen allzugroßer Feuchtigkeit abgebrochen und dafür ein Pfarrstuhl im Chor errichtet, wo — auch gewiß eine Seltenheit in Kirchen — die Orgel hinter

---

[1] Spangenberg, Henneberger Chronik, cp. 40, pag. 76. — Straßburg 1599.
Die zweite kleinere Glocke hat eine lat. Inschrift: der Gemeinde Rußheim, als Gyßer Pfarrer war, Weber Schultheiß, Gangwolf Anwalt, Reinacher Bürgermeister, goß mich Fr. Spöck in Heidelberg 1776.

dem Altar, nur etwa 2 Fuß über dem Boden, angebracht ist.[1]) Der enge Raum für die Gemeinde, wie es scheint zur Zeit der Reformation, hat diese Einrichtung hervorgerufen, und wenn auch vor 100 Jahren eine Emporbühne auf der südlichen, und in Verbindung mit dieser vor 80 Jahren eine solche auf der westlichen Seite errichtet wurde, so ist doch jetzt für gewöhnliche Sonntage der Raum zu klein und das Bedürfniß eines Neubaues nothwendig. Aber sollte es je dazu kommen, dann möge unsere Kirche bleiben als Denkmal alter Zeit und zum Gottesdienst für Beerdigungen!

Der Begrägnißort war, wie bei allen alten Kirchen, rings um die Kirche; aber bei der Vermehrung der Gemeinde war auch da eine Aenderung nothwendig, und so wurde 1815 eine Vergrößerung des Kirchhofs, und im Jahr 1855 noch einmal eine solche um ½ Morgen gegen die Ortsseite zu vorgenommen.[2])

Aber nichtsdestoweniger nahm auch die Kirche selbst, wie an allen Orten, Entschlafene in ihren Schooß auf. So sind, wie ich mich selbst überzeugte, vor der Kanzel und unter dem Altar noch reichliche Spuren früherer Beerdigungen. An der Wand des jetzigen Pfarrstuhls ist in einer Höhe von etwa 4 Fuß vom Boden ein schöner Stein angebracht. Unten sind kriegerische Zeichen, auf beiden Seiten eine Kanone, in der Mitte Kugeln, während oben über der Inschrift das Wappen des Verstorbenen schön in weißen Sandstein gehauen ist. Die Inschrift ist lateinisch und lautet:

Des Todes, nicht des Krieges unbesiegbare Waffen, erkennt der an, der in seinem ruhmvollen Leben seine Hoffnung auf's Ziel setzte und jetzt hier ruht:

Der allerdurchlauchtigste und gnädige Herr Hector Ferdi-

---

[1]) Angestrichen wurde sie erst 1775 (Kirchenvisitationsprotokoll) um größerer Dauerhaftigkeit willen.

[2]) Eingeweiht wurde der neue Kirchhof am 12. Juni 1855 durch Gebet und Ansprache bei der Beerdigung von Ludwig Schmidt, 16 Jahre alt, Sohn des Kaufmanns Adam Schmidt.

nand, der edle Herr von Cornfeil Veinfelden S. R. J. Herr in Würmlen, Grub und Egersbach), Oberhauptmann des allba durchlauchtigsten Herrn Laurentius Maximilian des Grafen von Starenberg und des Obergenerals der Wachen. — Seine Wonne war: Gott zu gefallen, Niemand zu schaden, Allen zu nützen. Er war auch Herr einer Stadt in Ungarn, und in aufrichtiger Liebe dem Güenassius zugethan, der sich großen Ruhm erwarb in Frankreich, Italien, England, Belgien und Deutschland. Zuletzt gab er einem Herrn den Namen, bei dem er, was ihm übergeben war, so vortrefflich schmückte, daß er ihn der höchsten Würden im Krieg für würdig hielt, in der Blüthe seines Alters.

Seine Laufbahn war weit und zur allgemeinen Trauer starb er an einem langwierigen, langsam wirkenden Fieber zu Speier, und jetzt triumphirt er schon im Himmel.

Dem geliebten Sohn und Bruder haben die traurige Mutter, Bruder und Schwester dieses Denkmal großer Liebe in tiefer Trauer geweiht. — Er lebte 35 Jahre, 8 Monate, 11 Tage und starb 1681. Den religiösen Ernst, den er sich schuf, hat er sich auch bewahrt und liegt begraben in Nußheim.[1]) Sein Geist verehrt die Gestirne, seinen Namen lieben seine Freunde. —

Nach dem Kirchenbuche, das erst mit dem Jahre 1690 anfängt, sind noch mehrere Personen in der Kirche beerdigt, wenn auch erst am 15. November 1702 ein hochfürstlicher Befehl von Markgraf Friedrich Magn. erschien, wornach die in der Festung Philippsburg Verstorbenen der reinen evang. Religion in den nächstgelegenen Dorfkirchen oder Gottesäckern beerdigt werden können. Für die Beerdigung in der Kirche mußte vor oder bei

---

[1]) Dem Verfasser ist bis jetzt dunkel geblieben, warum der in Speier Gestorbene hier in Nußheim begraben wurde, da ja auch dort Protestanten waren. Der commandirende General Graf Starenberg erhielt bei der Belagerung von Philippsburg in der Nacht vom 25. auf 26. Juli 1676 durch eine Musketenkugel einen Schuß in den Arm, daß er sie sich in Speier durch einen Kreuzschnitt ausschneiden lassen mußte. Möglich, daß Hr. von Cornfeil den Grafen dort hin begleitet, krank wurde und nach seinem Tode da, wo er vielleicht lange mit seinen Waffenbrüdern war, beerdigt sein wollte.

der jedesmaligen Bewilligung 5, 6, 8—10 fl. von dem Geistlichen des Orts erhoben werden, das er nach Anordnung des Consistoriums für die Kirche verwenden mußte. Die Beerdigung auf die Gottesäcker sollte gratis geschehen. —

So ruhen denn in der Kirche:

Johann Konrad Kaufmann, Amtsverweser in Mühlburg, stirbt den 23. April 1692 in Philippsburg in französischer Gefangenschaft, 53 Jahre alt und wurde hier begraben in der Kirche.

Den 21. August 1701 stirbt zu Philippsburg Johann Paul Brenner, Fähnrich, Sohn des Oberstlieutenants des Ernstinischen Regiments, geboren zu Nürnberg, 23 Jahre alt — sep. in eccles. —

Den 8. Juli 1702 stirbt in Philippsburg ein Sohn Paul von 1 Jahr 5 Wochen, dem Johann Paul Welstermann von Reicholsdorf, in Philippsburg in Garnison gelegen — sep. in eccles.

Den 17. November 1703 Johann Adolph von Thrandorff, Freiherr, aus Niederweiß in Sachsen gebürtig, Dragonerhauptmann unter Sr. Excellenz Hrn. Grafen von Leiningen-Regiment, churpfälzischer Truppen, welcher am 15. November beim Rheinübergang in der mit den Franzosen gehaltenen feindlichen Action ist todtgeschossen worden, 26 Jahre alt, sep. in eccles.

Am 21. Juli 1704 in eccles. sep. durch den Garnisonsprediger in Philippsburg Joh. Math. Rosenberg (Leichenpredigt) Johann Georg Newmayer, fränk. Proviantverwalter in Philippsburg, 42 Jahre alt.

Den 26. Dezember 1705 in der Kirche zwischen Taufstein und Altar beerdigt Johann Ludwig Hail, Apotheker in Pilippsburg (dabei heißt es: die Leichenpredigt durch Pfarrer Vögtlin in Liebolsheim, die Parentation oder Leichenabdankung durch den hiesigen Pfarrer).

Darnach scheinen nur Fremde in der Kirche beerdigt worden zu sein, denn von Begräbnissen Einheimischer in der Kirche ist nichts zu finden.

Kirchensatz. — Heilige St. Michael.

Mit dem mit der Kirche zusammenhängenden Michaels-Stifte oder dem Heiligen St. Michael kehren wir zum Theil zu den Hoheitsverhältnissen der Gemeinde zurück. Wenn die Kirche nun zum Bisthum Speier gehörte, die Markgrafen von Baden-Durlach die Oberhoheit der Gemeinde hatten, so hatten den Kirchensatz und die Collatur die Grafen von Zweibrücken und Hanau, die sie an die Edlen von Than [1]) und später an die Seebach zu Lehen gaben.

Dem Heiligen war, wie es scheint, der Theil der Grundstücke, auf dem heute die Herrgottsgasse steht, darum auch der Name, da früher noch vorn an der Straße ein Bildhäuschen war, wie auch auf der andern Seite der Kirche, wo die Heilighäuseläcker sind und auch ein solches Häuschen stund. —

Zwei Drittel des großen und kleinen Zehnten [2]) gehörte dem Heiligen — ferner hatte ein jeder Meßner oder Einzieher des Meßneramts jährlich dem Heiligen St. Michael von seinem Zehnten zu rechter, ewiger, unablöslicher Gült 1 Malter Hirsen, 2 Malter Dinkel, 1 Malter Haber zu geben — in Gräber Maß nach dem Lagerbuch von 1700. —

Außerdem hatte der Heilige nach der Entscheidung des Mark-

---

[1]) Die Edlen von Than waren ansässig im Wasgau längs der Saar (der jetzige Westrich) — Besitzer der gräfl. Ley'schen Herrschaft Bubenweiler (jetzt Burweiler). 1279—1372 verlieh es Kaiser Karl IV. von Neuem an Heinrich von Than's hinterlassenen Sohn: nämlich die Veste Geyßberg, die Dörfer Bubenweiler, Flemeringen, Wernhersberg.

[2]) Der Zehnten, groß und klein, wurde von allen eigenen, sowie Almendgütern gegeben. Zum großen Zehnten: Weizen, Roggen, Dinkel, Haber, Gerste und Winterfrucht.
Der kleine Zehnten: Erbsen, Linsen, Bohnen, Hirsen, Hanf, Flachs, Rüben, Obst, Nüsse. Ferner für 1 Füllen 2 Pfenn. und für 1 Milchkalb 2 Pfenn.; dann das zehnte Schweinferglein und die zehnte Gans. —
Von den Almendgütern ward in den kleinen Zehnten gerechnet: Erbsen, Linsen, Bohnen, Hirsen, und was die Mühle bricht der zehnte Theil, vom Hanf der zwanzigste, das Andere der Herrschaft.

grafen Christoph zwischen den Einwohnern, Heiligenpfleger zu Rußheim und dem dasigen Pfarrer wegen der Gefällrevenüen, die der letztere daselbst zu beziehen hat — Quasimodogeniti 1509 —, die Kirchweihcollecte, ausgenommen den 3. Pfennig, von allem Opfer an den Heiligen ⅔, ferner Wachs, Garn, Kleinobien, Kleider, und was ihm oder dem Heiligenpfleger in die Hand gegeben.¹)

Nach dem durch den Renovator Bertsch aufgestellten Lagerbuch von 1700 gibt Hans Martin Spök an den Heiligen von seinem Hause und seiner Hofraithe in der Herrgottsgasse 3 Schilling 6 Pf. markgräfl. Währung.

Ferner Bernhard Siegel und Michael Schmidt Wittwe, ebenfalls von Haus und Hofraithe bei der Herrgottsgasse jährlich 2 Schilling 8 Pf.

An Fruchtgült hatte Wendel Bolz von Haus und Hofraithe in der Herrgottsgasse auf Martini zu zahlen: 2 Simri Roggen Bastian Hager ebenso 2 „ „
und Hans Karch von 1 Mrgn. Acker an dem Kirchfallthor ½ Mltr. Roggen.

Das letzte Drittel des Zehnten hatte die Pfarrei.

Die Kirche — mit derselben Gebäu und Geziert, auch andern Notturft — und das Pfarrhaus wurde aus den Gefällen des Heiligen erhalten, wozu die Gemeinde alle Fuhren davon und dazu in der Frohnd zu verrichten hatte. —

Nach der durch den Renovator Eissenberger 1566 vorgenommenen Renovation des Amts Graben hat Markgraf Karl II. die Collatur der Pfarrpfründe von den Edlen von Than übergeben erhalten; ihm wurden die Güter und Gefälle des Heiligen St. Michael zu Rußheim zuständig. Diese geistlichen Einkünfte wurden von der geistlichen Verwaltung Mühlburg eingezogen, die dem Pfarrer die Besoldung reichte²). Aber erst 1634 kaufte Markgraf Friedrich der V. von Friedrich Casimir, Gra-

---

¹) Speier. Archiv. G. R. O. Kast. XVII. L. II.
²) Gen. Landesarchiv — Kirchengut (N. 767).

fen von Hanau, Rhineck und Zweibrücken, den Kirchensatz zu Rußheim und den zweiten Theil des Zehnten desselben, groß und klein, mit allen seinen Nutzungen und angehörigen Gefällen, sowie solchen ehedem die Edlen von Than und nachher die von Seebach von dem Grafen von Zweibrücken und Hanau zu Lehen getragen, für 500 Reichsthaler.[1]

Die Verwaltung des ganzen Kirchenguts wurde der geistl. Verwaltung Graben übertragen, wobei über den Zehnten der Pfarrei bestimmt wurde, und wenn das Pfarrbrittel Fruchtzehnt nicht eingeführt, sondern auf Versteigerung verliehen wurde, müssen, wie auch beim kleinen Zehntpfarrbrittel, der Beständer desselben an die geistl. Verwaltung in Graben zu gewöhlichem Hanblohn 2 fl., also 4 fl. geben.

Damit ist von dieser Zeit an alles Kirchengut in der Hand des Staats; aber eigen ist es, daß die Verhältnisse der hiesigen Gemeinde über dieses Zehntwesen gar bald fast ganz in Vergessenheit gekommen zu sein scheinen. Es liegt uns nämlich ein Schreiben des hiesigen Pfarrers Döberlein v. 8. Oktober 1758 vor an das hochfürstliche Oberamt und hochwürdige Specialat zu Karlsruhe, wornach er über das Nonnengut, die Pfarräcker und den Pfarrzehnten Bericht erstatten soll, aber über Keines Auskunft geben kann, da Niemand hier wisse, wie das Kloster Lichtenthal zu der sogenannten Nonnenfrucht gekommen, über die Pfarräcker nur Muthmaßungen herrschen und auch über das Pfarrbrittel keine Urkunden und alte Schriften vorhanden seien, um aus ihnen Etwas ersehen zu können und die Leute auch keine Nachricht zu geben wüßten, wie die Pfarrei den kleinen Zehnten verloren. —

Der Pfarrherr zu Rußheim wird, wie es im Lagerbuch heißt, aus dem in die geistliche Verwaltung Graben eingezogenen Kirchengut besoldet und erhalten und hatte noch von dem gemeinen Flecken eine Almend zu genießen, wie andere Bürger, auch wurde ihm Brennholz aus dem Rußheimer Wald und von der

---

[1] Gen. Landesarchiv — K. XVII. L. 2. Der Kaufbrief ist auf Pergament geschrieben mit anhängendem Sigill.

Almend gegeben zu dienlicher Nothdurft; sein Vieh war frei vom Hirtenlohn.

Ferner gehörte zu dem Einkommen des Pfarrers nach der S. 27 schon erwähnten Entscheidung von 1509 von den Armen [1]) 4 Pfennig Zins in markgr. Währung, die Hälfte in bad. und die Hälfte in pfälzischer Währung, von der Kirchweihcollecte der dritte Pfennig, der dritte Theil von dem Opfer an den Heiligen, und was von Geld, Eier, Hühner auf den Altar gelegt wurde.

Zwei Häuser in der Herrgottsgasse mußten je zwei Capaunen geben. —

Ferner gehörten der Pfarrei 17½ Morgen Aecker, die Pfarräcker, und zwar:

½ Morgen auf dem Kirchberg bei dem bayr'schen Hofgut,
½ „ am Kirchberg,
1 „ hinter der Kirche,
1 „ ebenda,
1 „ in der krummen Gewann,
1½ „ bei den Mörschhecken,
3 Viertel Acker und Wiesen hinter den Heuhäusen,
1½ Morgen auf dem Mörschgewann und Hasselrübenteich,
1 „ hinter dem Steinbühel,
1½ „ ebenda,
3 Viertel Acker auf den Wünschlichäckern und krummen Steinlachen,
2 Morgen im Hohenfeld,
1¼ „ im Grundacker,
½ „ im Rübländlin,
½ „ Enitenacker.

Diese Güter hat die Pfarrei jetzt nicht mehr. Es hat mit ihnen eine ganz eigene Bewandniß. Die 1½ Morgen bei den

---

[1]) Arme und arme Leute hießen die Unterthanen, d. h. die leibeigenen Unterthanen. — In der Einzahl Arman. — Ein arm fry Mann ist ein Unterthan, der nicht leibeigen ist.

Mörschhecken und die Hälfte der 1½ Morgen auf dem Mörsch=
gewann, sowie die 3 Viertel hinter den Heuhaufen hat der Rhein
in der Mitte des 17. Jahrhunderts schon weggenommen;
aber Markgraf Karl II. hat schon 1576 [1]) etlichen Unterthan=
nen zu Rußheim 17 Morgen und 2 Viertel Acker, die zur Pfar=
rei allda wiederumb gelassen, wie es heißt, auf Steigerung ver=
kauft mit dem Geding, daß jene Güter auch ferner zehentfrei
bleiben, daß aber die Schatzung jährlich von dem Zehnten ge=
reicht werde, nachdem sie 1571 schon um 34 fl. den Einwohnern
in Bestand gegeben waren. — So ist es denn wohl be=
greiflich, wenn in dem Dorfbuch 1662 ein Verkauf eines Ackers
(aber nur 1 V.) auf dem Steinbühel vorkommt, von dem es
ausdrücklich heißt: ist ein Pfarracker. Ebenso heißt es 1685
vom 15. Juli bei dem Verkauf eines Ackers auf dem Mörschge=
wann um 15 fl. — Bei der im Jahr 1700 vorgenommenen Er=
neuerung des Lagerbuches war man nicht einig über diese Pfarr=
äcker; man wußte, daß sie verlehnungsweise 34 fl. ertragen und
vor unvordenklichen Jahren (so!) für eigenthümlich von gedach=
ter Pfarr um baar Geld abgekauft wurden, aber rechtsgil=
tig konnte nichts festgesetzt werden. Es wurde deßhalb ein hoch=
fürstlicher Befehl eingeholt. Auch dort wußte man scheint's
nichts mehr von dem Verkauf durch Markgraf Karl II., denn
die Antwort lautet:

„Was Ihre Durchlaucht, Unseres gnädigsten Herrn 2c. inte=
rims Renovator Philipp Jakob Bertsch unterm 8. Octobris we=
gen der in Rußheimer Gemarkung liegenden Pfarrgüter dieses
Orts unterthänigst angefragt, darauf wird ihm loco resolutionis
hiermit angefügt, daß Er die jetzige Inhabern in der Posses-
sion lassen und solche gleich ihren übrigen eigenthümlichen
Güthern in Schatzung anlegen, auch daß sie künftig von solchen
Güthern den Zehnden nach dem ohnlängst an das Amt Graben
ergangenen Befehl abzustatten hätten, andeuten solle.

Decretum Carlsburg, den 9. Octobris. Anno 1700."

---

[1]) Gen. Landesarchiv — Kirchengut (Nr. 767) — und Hofrath Jängler
darüber.

Was das Meßneramt betrifft, so hatte dasselbe auf etlichen Gütern (70 Morgen) zu seiner Belohnung den Zehnten, wofür es dem Heiligen jährlich etliche Früchte (s. Seite 26) geben mußte. Ferner erhielt der Meßner von einer alten Person so zu Rußheim todts verscheidet, 2 Pfennige und von einer jungen 1 Pf. Leuth Lohn.

Der Frohnddienst war ihm auch erlassen. —

Der Meßner ward durch die Amtleut, Schultheiß und Richter mit Wissen und Willkür des geistlichen Verwalters und Pfarrers zu Rußheim angenommen. —

Religionsverhältnisse.

Ueber die eigentlich religiösen Verhältnisse von Rußheim vor der Reformation und bald nach derselben ist uns fast gar nichts bekannt geworden. —

Rußheim war eine einfache Plebania, d. h. Pfarrei, und gehörte in das Ruralkapital Graben, in dem 1511 der Dechant zu Blankenloch wohnte, Pfarrer Jodocus Knoberer. Aus dem Jahre 1509 ist uns Pfarrer Johann Dillmann zu Rußheim bekannt, unter dem der schon mehr erwähnte Entscheid durch Markgr. Christoph gegeben wurde. Dabei hören wir von einer Sitte, die sich nach und nach hier eingeschlichen hatte, nämlich das Räuchern über den Gräbern durch die Frauen. Dies wurde damals eingestellt und erklärt, daß dies allein der Pfarrer zu besorgen habe.

Das ist der einzige Name eines Pfarrers, den wir aus den Zeiten vor der Reformation finden konnten. Erinnerungen an die frühere Zeit sind nur die schon erwähnte Glocke von 1521 und der jetzige Krankenkelch, ein alter Meßkelch, Johannes Wester vom Jahr 1523.

Die Einführung der Reformation 1556 scheint auch hier ruhig vorüber gegangen zu sein, aber auch aus dieser großen herr-

lichen Zeit, in der durch Markgraf Karl II. die neue Kirchen=
ordnung gegeben wurde, konnte Nichts aufgefunden werden. ¹)
Nur ist für diese Zeit auffallend, warum der Markgraf das
Einkommen der Pfarrei, die ja ohnedies schon den Zehnten
verloren hatte und sonst keine weiteren Einkünfte mehr, so
sehr schmälerte, durch den 1576 vorgenommenen Verkauf der
17¼ Morgen Pfarräcker, die heute die Parrei zu einer der best=
dotirten der Haardt machen würden. — Bei Aufstellung einer
Competenz im Jahre 1757 auf einen hochfürstlichen Befehl v.
1. Mai hat der damalige Pfarrer die Besoldung der Pfarrei
natürlich mit Beinutzung, Accidentien ꝛc. angeschlagen zu 201 fl.
12 kr.

Wenn nun Rußheim der lutherischen Konfession angehörte,
so konnte es nicht ausbleiben, daß durch den Verkehr auf dem
Rhein, sowie durch das Gefolge des Kriegs auch Genossen an=
derer Glaubensrichtungen hieher kamen — und wenn auch im
Leben vielleicht nur der Unterschied gemacht würde, daß sie nicht
zu wirklichen Bürgern angenommen —, so wurde doch im Tode
ein Unterschied gemacht. — Aus dem Todtenbuch erfahren wir,
wie im November 1703 der Hintersaß Christoph Dietrich, ein
calvinischer Mann, begraben wurde ohne Gesang und Leichen=
predigt, doch mit Glockenklang.

Katholiken waren auch hier. Im Jahre 1702 stirbt Ste=
phan Hacker, Kuhhirt, bei dem es heißt: Papist, und 1753 stirbt
Joh. Phil. Blößling, ebenfalls Kuhhirt, und zwar 42 Jahr lang,
relig. pontif. — seine Frau war ebenfalls katholisch. — Nach
einem Decret von 1700 durften die katholischen Geistlichen —
wie auch Kapuziner — zu ihren Kranken in der Stille gehen, doch
mußten sie dem luth. Pfarrer einen Revers ausstellen, daß sie
sonst keine Handlung vornehmen wollten. — Für die Beerdigun=
gen der Katholiken finden wir 1729 einen besonderen Ort auf
dem Kirchhof — locus pontificiis addictus — wahrscheinlich der

---

¹) Die Visitationsacten für das badische Unterland waren schon 1733
nicht mehr vorhanden. Vierordt, bad. Kirchengesch. I., 428.

Raum auf der nordwestlichen Seite der Kirche, von dem man heute sagt, hinter der Kirche, wohin lange Niemand beerdigt sein wollte und jetzt die Kindergräber sind. Die Beerdigung wurde more Catholicis solito vorgenommen, was umgekehrter Weise bei den Katholiken für die Protestanten in Knaudenheim nicht der Fall zu sein scheint. Nach dem Todtenbuch starb eine Christine Heppmacher, geb. Felglin, aus Plöningen bei Stuttgart, in Knaudenheim, und wurde hier zu ihren Glaubensgenossen begraben — am 3. October 1727. —

Bei der Beerdigung katholischer Kinder wurden gewöhnlich nur die Glocken angezogen.

Trotz des vorhin erwähnten Decrets hatte der katholische Geistliche doch hie und da Amtshandlungen hier verrichtet, die der hiesige Pfarrer als Eingriffe in seine Rechte ansah, und deßhalb die Sache einberichtete. Darauf kam am 16. Januar 1733 ein oberamtliches Schreiben an den Pfarrer und Schultheißen, in dem es heißt: „Es sei denen katholischen Einwohnern zu bedeuten, daß sich keiner mehr unterstehen sollte, einen katholischen Geistlichen ohne oberamtliche Erlaubniß zu sich kommen zu lassen, noch weniger sich an fremden Orten copuliren zu lassen; sollte sich aber Jemand hierinnen vergehen, so soll ihm sogleich der Schutz aufgekündet werden, und wenn ein katholischer Geistlicher sich in Verrichtung einer Amtsfunction betreten läßt, soll solcher sogleich arretirt und demjenigen, so sich hierwieder vergangen, unter der Hand wissend gemacht werden, daß sie bei fernerer Vergehung sich selbst zu imputiren hätten, wenn sie rechtschaffen abgeprügelt werden." —

Trotzdem aber bestand z. B. zwischen den Bewohnern von Rußheim und Knaudenheim, die so durch Religion und Landesgrenze von einander getrennt waren, ein so inniges Verhältniß, daß heute noch alte Leute nicht genug zu erzählen wissen, wie ihre Großeltern mit den Knaudenheimern in innigster, liebevoller Verbindung stets gewesen seien.

Schulwesen.

Aus den Zeiten der Reformation und später noch konnten wir nirgends etwas über eine Schule oder Schulhalten finden, denn vorher sah es mit der Bildung des Volks gar traurig aus, da man Schulen für dasselbe nicht kannte. Von den Meistern in der Schule wußte man natürlich nichts, denn die Meßner hatten nur Dienste für die Kirche zu besorgen und werden selbst nicht viel Kenntnisse besessen haben,[1]) und wenn auch, so wurde das Schulhalten nur gelegentlich besorgt.

Hier finden wir am Ende des 30jährigen Kriegs einen Schulmeister, der 52 Jahre in diesem Dienste gewesen und dabei wohl sein Auskommen gefunden hat. Der Meßnerdienst mit der damit verbundenen Besoldung, die bei dem Zehnten von 70 Morgen ziemlich eintrug, ging an die Schulmeister über, deren Mühe damals nicht groß war. — Nebenbei besorgten sie das Bitten zu Leichen und Hochzeiten.

Die Schule wurde Anfangs nur des Winters von den Kindern besucht, und das ganz schlecht, weßhalb sehr häufig geklagt wurde und die Eltern wegen Lässigkeit mit Strafe bedroht werden mußten. Im Jahre 1727 beschwerten sich sämmtliche Lehrer des Oberamts Karlsruhe, daß die Winterschule so sehr vernachlässigt wurde, um das Schulgeld zu sparen, und doch war dies gering[2]) — nur hatten die Kinder noch Holz mit in die Schule zu bringen, was jedoch am 12. Januar 1757 abgeschafft wurde. Dagegen hatte die Gemeinde dasselbe anzuschaffen. —

Von der Sommerschule wollte man fast gar nichts wissen,

---

[1]) Mone über das Schulwesen vom 13. bis 18. Jahrhundert in der Zeitschrift für die Geschichte des Oberrheins S. 129—176.

[2]) Die Eggensteiner hatten des Jahrs noch 9 kr. Schreibgeld zu bezahlen.

Auch sollten die Lehrer die Kinder die Federn schneiden lernen.

obgleich sie noch weniger gehalten wurde als die Winterschule, und nur die Kinder sie besuchen sollten, die nicht täglich zur Arbeit nöthig (hochfürstlicher Befehl v. 27. Februar 1731).

Anfangs wurde täglich nur zwei Stunden Schule gehalten; doch sollte sie der Pfarrer fleißig vigiliren und der Schultheiß die Fehlenden strafen. — Katechismus und Lesen waren die Unterrichtsgegenstände; das Schreibenlernen war noch freigestellt. —

Das Hochzeitladen durch die Schullehrer wurde durch ein hochfürstl. Kirchenrathscollegium v. 11. Dez. 1754 untersagt, da dies zur Verabsäumung des Schulamts nicht nur, sondern auch zu andern übeln Folgerungen und daraus öfters entstehenden Aergernissen Anlaß gebe, überhaupt aber solches der Obliegenheit eines Schullehrers völlig entgegenstehe. — Doch wurde im folgenden Jahr gesorgt, diejenigen, denen das, was sie bisher als Hochzeitlader gehabt, entzogen worden, zu entschädigen.

Im Jahr 1755 kam ein neuer Unterrichtsgegenstand. Es war das Rechnen, die gewöhnlichen Species, und zwar hatten dies die Lehrer bei den Kindern ohne Ausnahme in den öffentlichen und ordinären Stunden zu lehren bei Verlust ihres Dienstes [1]).

Dem edlen Markgrafen Karl Friedrich lag die Bildung seines Volkes so sehr am Herzen — er hätte gern ein wahrhaft christliches Volk an seinen Unterthanen gehabt —, und ließ in jedem Hause nachsehen, ob Bibeln oder neue Testamente vorhanden; 1755 wurden 500 Bibeln und 600 neue Testamente an die Armen des Landes von der Herrschaft verschenkt — wobei auch viele Exemplare nach Rußheim kamen —, aber die Leute wollten diese Sorgfalt und Liebe nicht einsehen. — Die Kinder, die das sechste Jahr erlangt hatten, wurden nicht gleich, und auch später noch nicht, ordentlich zur Schule geschickt; die nothwendigen Bücher, Katechismus, zum Theil Gesangbuch und die Hübner'sche biblische Geschichte, die bamals eingeführt wurde,

---

[1]) Ausschreiben des Kirchenraths Burklin. Karlsruhe, 24. Febr. 1755.

wollten die Leute nicht anschaffen, so daß auf des Markgrafen Befehl im Jahr 1753 ein sehr strenges Decret aus dem Kirchenrathscollegium kam, wornach die Vögte und Schultheißen ohne einiges Zuwarten oder Nachsicht angewiesen sind, bei unnachlässiger Strafe diejenigen Eltern, die die erforderlichen Schulbücher anzuschaffen vermögend sind, alles Ernstes und ohne Verzug dazu anzustrengen; dann die Vermögen haben, im Augenblick aber solche Bücher nicht zu bezahlen im Stande sind, das Geld dazu aus dem aerario publico vorzuschießen und sie zu Wiederersetzung des Vorgeschossenen nachmals durch Execution zu vermögen. Den Armen und völlig Unvermögenden sollten die nöthigen Bücher aus dem Fleckensalmosen angeschafft werden. — Die Eltern, die ihre Kinder nach erreichtem sechsten Jahre entweder gar nicht oder nicht ordentlich in die Schule schickten, sollten jedesmal für die Versäumnisse, wenn sie durch ihre Schuld erfolgte, für einen Schultag einen halben Tag lang sogleich und ganz unfehlbar eingesteckt werden. Wenn die Fleckensvorgesetzten auf geschehene Anzeige dies nicht thaten, sollten sie nach erstattetem Bericht vom Pfarrer, bei sonst unfehlbarer Ahndung, an das Oberamt, je nach dem mit einer Geldstrafe von 1—10 Reichsthalern bestraft werden.

So mußte das Gute durch Hinwegräumung des alten Schmutzes mit scharfen Mitteln sich den Weg bahnen zu den Herzen, die Augen öffnen, daß sie erkannten, nur in wahrer christlicher Bildung liegt das wahre Glück des Volks. — Markgraf Karl Friedrich blieb bei dem Bisherigen für die Bildung seines Volkes nicht stehen. Schon im Jahre 1756 wurden die Sonntagsschulen eingeführt, und zwar nach geendigtem Gottesdienst. — Die Schulmeister sollten zur Belohnung für die Besorgung einen Gulden aus dem Almosen, und eben so viel aus der Gemeindskasse jährlich erhalten.

Nach einem Synodalbecret von 1766 sollten nun die Sommerschulen auch Mittwochs, und folglich die Woche 4 Tage gehalten werden.

Nach einer im November 1767 ergangenen Verordnung

wurde die Geometrie unter die Lehrgegenstände in wöchentlich 4 Stunden aufgenommen, da die geometrische Wissenschaft (die Worte der Verordnung) nicht nur überhaupt einem Jeden zu mehrerer Uebung im Rechnen und zur Schärfung des Verstandes diene, sondern auch in mehreren Betrachtungen sowohl allen Bauleuten als insbesondere den Professionisten vielen Nutzen verschaffen kann und unsere gnädigste Absicht dahin geht, den künftigen Wohlstand der in unsern fürstlichen Landen befindlichen Jugend durch guten Unterricht in den Schulen bestmöglichst zu befördern.

Es wurden darum auch im Jahre 1768, um den Anfang damit machen zu können, nachdem die Maler'sche Geometrie [1]) recommandirt war, von Oberamts und Specialats wegen in alle Ortschaften für die Schulmeister 5 Stück geometrische Instrumente geschickt, nämlich ein hölzerner Einsatzzirkel, Winkelhaken, Transporteur, Dreieck und ein kleines Lineal mit der Anweisung des Gebrauchs jedes Instruments; der Transporteur war von den Lehrern in müßigen Stunden noch in seine 180 Grade einzutheilen. — Diese Instrumente haben wir noch in unserer Schule. —

Beinahe zugleich mit dieser Einführung rief die Sorge für das Land, wie bis jetzt meist für die Knaben, so nun für die Mädchen einen neuen Gegenstand des Lernens hervor. Nachdem nämlich schon im Jahr 1767 in einem oder dem andern Orte der Diözese Karlsruhe, wo Geistliche und Vorgesetzte den guten Willen und des Schulmeisters Ehefrau Geschick und Lust hatte, mit Anlegung einer feinen Hanf- und Flachs-Spinnschule eine Probe gemacht wurde, wurden solche durch fürstliches Rescript im Jahre 1768 überall eingeführt, und mußten ohne Verzug ihren Anfang nehmen. Den Winter über sollten sie alle Woche 4 Tage, und täglich 1½ Stunden lang vor oder nach der Schule, je nachdem Pfarrer und Vorgesetzte jeden Orts die Stunden am schicklichsten finden, in der Schulstube oder sonst wo gehalten

---

[1]) Das Handbuch von Hrn. Kirchenrath Maler.

werden. Auf einmal sollte man höchstens 12 Mägdlein nehmen, den Anfang mit den ältesten machen und nicht eher freisprechen, bis sie das Feinspinnen völlig erlernt haben. Nach diesen wieder eben so viel andere, bis auf die Kinder von 6 Jahren ohne Ausnahme. Wenn die Kinder das Spinnen erlernt haben, sollten sie eben so Nähen und Stricken lernen. Den Pfarrern und Vorgesetzten wurde die Wahl frei gelassen, welche Kinder mit Baumwolle und welche mit fein Hanf oder fein Flachs anfangen sollen, doch sollte wo möglich Jedes zum eigenen Hausgebrauch beides spinnen lernen.

Wie ernst es mit dieser wohlgemeinten und dem Hauswesen so förderlichen Einführung war, beweist der Schluß der Verordnung, nach der jeder Flecken sich mit einem Vorrath von sehr fein gehecheltem Flachs oder Hanf zu versehen hatte, und wenn dies im Augenblick nicht vorhanden sei, so sollten die einzelnen Flecken sich alsbald bei dem Oberamt Karlsruhe melden, um Anweisung zu Verabfolgung von sowohl feinem Hanf und Flachs als Baumwolle zu erhalten. Der Vorrath sollte aus der Gemeindskasse angeschafft werden, von den Kindern, die davon erhalten, zu vergüten sein, da sie das Garn davon behalten.

Wenn nun auch nach einer Verordnung vom 30. Jan. 1769 die Schulmeister ernstlich angehalten werden, die Mägdlein eben so wohl als die Knaben im Rechnen zu unterrichten, so wurde nach einem Visitationsbericht von 1773 für Rußheim verordnet, daß die Buben ohne Anstand zur Erlernung des Strickens angehalten werden sollen. Nach einem Decret des Specialats v. 13 Mai 1774 sollten die Spinn-, Näh- und Strickschulen auch des Sommers, wenigstens an Regentagen, fortdauern, wozu die weitere Bestimmung kam, daß diese Mädchen, welche nicht spinnen, nähen und stricken können, nicht aus der Schule entlassen werden sollen.

Auch dies genügte dem edlen Fürsten Carl Friedrich nicht in der Sorge für das Wohl seines Volks. Vom 28. October 1774 sehen wir ein neues fürstliches Decret mit der herzlichen Ansprache: „Carl Friedrich, unsern Gruß. — Es ist das Ins-

lebentreten der jetzigen sogenannten Fortbildungs= oder Nacht=
schulen, damals auch öconomische Schulen genannt. Weil, so
heißt es, der Unterricht, der in der Schule im Schreiben, Rech=
nen und in der Geometrie gegeben wird, theils wegen des gerin=
gen Alters und Ermanglung hinlänglicher Kräfte des Verstandes
der Schulkinder, theils wegen der bei ihrer Entlassung aus der
Schule cessirenden Uebung und ermangelnder Gelegenheit zu
fernerer Uebung, nicht alle wünschende Wirkung haben kann,
uns aber daran gelegen ist, daß der Wohlstand junger Leute,
und besonders auch derjenigen, so Handwerker erlernen wollen,
durch gemeinnützigen Unterricht in obigen Stücken befördert
werden, so verordnen wir, daß in sämmtlichen Schulen des uns
anvertrauten Oberamts, ausgenommen die Orte Welschneureuth
und Friedrichsthal, [1]) die sofortige Veranstaltung zu machen 2c. 2c.

Der Schulmeister oder Provisor hatte gegen eine aus der Ge=
meindskasse zu schöpfende Belohnung von 5 bis 6 fl. den Winter hin=
durch die aus der Schule entlassenen jungen Leute wöchentlich in 4
zu bestimmenden Stunden in der Geometrie, im Zeichnen, Rechnen
und Briefschreiben zu unterrichten, dergestalt, daß alle diejenigen,
so keine Handwerker, wo der Zirkel gebraucht wird, lernen, oder
sich nur dem Ackerbau widmen wollen, im Schreiben und Rechnen,
jedoch ohne Zwang, da diesen der Besuch dieser Stunden freige=
stellt, unterrichtet werden, alle diejenigen aber, die Handwerker,
wo der Zirkel gebraucht wird, zu erlernen willens sind, ange=
halten sind, in diesen Stücken Unterricht zu nehmen und schuldig
sein sollen, diesen Unterricht unausgesetzt zu besuchen."

[1]) Beide Gemeinden waren noch sehr jung. Welschneureuth wurde
unter Markg. Friedrich Magnus 1699 durch eine Anzahl (58) waldenser
Familien aus Rocheplatte, Praruftin und Prazelas gegründet, während
Friedrichsthal von dem Markgrafen den Namen erhielt, da er im Fe=
bruar 1700 25 wallonischen Familien, die bis 1699 in Billigheim und
Merlenheim bei Landau gewohnt hatten — ausgewandert Ende des 16.
Jahrhunderts aus dem Quartier Löwen im Herzogthum Brabant —, die
Erlaubniß zur Ansiedelung gegeben. — S. Schöpflin, Sachs und beson=
ders: Uebersicht der Wanderungen und Niederlassungen, fr., savoy. und
niederl. Religionsflüchtg. Carlsruhe, 1854, S. 52, 110.

Für die Ertheilung des Unterrichts wurde außer der obengenannten Belohnung noch bestimmt, daß den Pfarrers- und Schullehrers-Wittwen und Waisen an denjenigen Orten, wo ihre resp. Männer oder Väter zuletzt im Amt gestanden, und welche zu diesem Unterricht sich verstanden haben, das Bürgerrecht unentgeltlich ertheilt wird, wie solches die im Ort gebornen Bürgers-Wittwen und Waisen genießen.

Der Unterricht sollte nach dem Nachtessen ertheilt werden; die dabei nöthigen Lichter, Lichtstöcke und Lichtputzen hatte das Bürgermeisteramt anzuschaffen. — Die Nacht- und Scharwächter hatten bei Anfang und Ende der Stunden gegen allen Muthwillen auf der Straße fleißig Sorge zu tragen.

Dasselbe Jahr 1774 bringt nach dem Synodalbescheid vom 9. September einen weiteren Unterrichtsgegenstand — diesmal die Geographie. Dabei heißt es: Das ist eine Kenntniß von der Erde überhaupt, von deren vier Theilen [1]) und deren Meeren, sodann von denen Hauptabtheilungen Europens von deren näheren Abtheilungen Deutschlands und von denen specificirteren Abtheilungen ihres Vaterlands auf eine zur Cultur der Erde und zu denen Professionen und Handelschaft nützlichen Art der Jugend beizubringen.

---

[1]) Der fünfte Theil, Australien, konnte nicht wohl schon genannt werden. Der berühmte portugiesische Seefahrer Magellan hatte zwar auf seiner ersten Reise um die Welt, 1521, die sogenannten Ladronen oder Marianen entdeckt, eine Inselgruppe, die einen Bestandtheil Australiens ausmacht, aber es verflossen fast 300 Jahre, bis die sämmtlichen Inseln endeckt wurden, die man unter dem Namen Australien begreift. Der Spanier Alvaro de Mendoña entdeckte im letzten Viertel des 16. Jahrhunderts die Salomons- und Marquesas-Inseln, Fernandez de Quiros die Societäts-Inseln und das Heiliggeist-Land. Erst mit dem 17. Jahrhundert wurde durch die Entdeckungen der Holländer die größte australische Insel, Neu-Holland, bekannt. Der Holländer Tasmann und der Engländer Dampier setzten die angefangenen Entdeckungen fort, und erst der berühmte englische Weltumsegler James Cook erwarb sich in den Jahren 1768—1779 die größten Verdienste um die genauere Untersuchung des neuen Welttheils.

Der Unterricht wurde nicht befohlen, dessen Ertheilung aber als ein Verdienst des Lehrers angesehen.

Die Kinder, die bis dahin nicht regelmäßig in Classen eingetheilt waren, mußten, nach dem Kirchen- und Schulvisitationsprotocoll vom 14. Mai 1793, nicht nur im Sommer, sondern auch im Winter classenweise, die größeren Vormittags und die kleineren des Nachmittags in die Schule gehen. Wegen der Nützlichkeit und Nothwendigkeit dieser Einrichtung ist, heißt es, auf den Widerspruch der Eltern nicht zu achten. — Im Lesen waren bis dahin die Kinder gar weit zurück, deßhalb mußte von da an alle Tage wenigstens eine halbe Stunde gelesen werden.[1])

Aus dem Gesangbuch waren damals 210 Lieder bestimmt, aus denen zum Auswendiglernen ausgewählt werden durfte.

Im Jahre 1782 finden wir auch hier schon eine Baumschule, für deren Unterhaltung damals alt Johann Geiß drei Gulden baar Geld erhielt, jährlich von den Frohnden frei war, aber dafür auch die Fleckensbäume zu besorgen hatte.

Ein Vergnügen hatte die Jugend, wahrscheinlich aus frühester Zeit, an Weihnachten am sogenannten Sternsingen. Dies wurde jedoch als Gassensingen durch die Schulkinder um die Weihnachtszeit am 20. März 1772 verboten. Auf dieses Verbot achtete man nicht; es dauerte, wie an andern Orten, dieses Singen auch hier fort, und immer die 12 ersten Knaben der obersten Classe hatten das Recht und die Freude, im Orte herum singen zu dürfen; aber eine neue Verordnung vom 23. Januar 1799 machte dieser Erinnerung aus alter Zeit ein Ende. Es heißt nämlich, man findet nöthig in Betreff des Weihnachtsgesangs auf den Oberamtsorten zu befehlen, einmal, daß an den Orten, wo die Schulmeister keinen Antheil daran nehmen, derselbe durchaus untersagt, und zweitens, daß dieser Gesang, wie zweckmäßig er auch eingerichtet sei, wegen der um diese Zeit gewöhnlich herrschenden Kälte doch immer der Gesundheit der Lehrer und Schul-

---

[1]) Der erste Schematismus, bearbeitet von dem Special in Lörrach 1766, wurde 1769 eingeführt.

Knaben sehr nachtheilig werden kann, und es gewiß sehr häufig ist, die Landbewohner aber doch denselben sehr ungern entbehren, er auch zur Beförderung eines guten Gesangs wohl benützt werden kann, daß derselbe auf die Osterfeiertage verlegt werde, wo die Tage länger sind, die Witterung gewöhnlich freundlicher ist, und die Wiederkehr des Frühlings die Herzen des Volks auch mehr zur Freude stimmt, als der Eintritt des oft so unfreundlichen Winters.

So ging auch hier diese Sitte mit dem alten Jahrhundert zu Grabe, denn auch in Rußheim ging der Lehrer nicht mit den Kindern. Doch, damit die Kinder noch wissen, wie ihre Väter einst thaten und sangen, wollen wir noch einmal hier das Weihnachtsingen aus alter Zeit hören. Vor Weihnachten machte der Lehrer den 12 besten Schülern eine viereckige Laterne von farbigem Papier, einen Stern vorstellend, und die Kinder wurden vom Lehrer nach dem Betglockläuten, das sie in der Zeit besorgen mußten, eine Stunde lang im Singen geübt; es waren in der letzten Zeit etwa 15 Lieder aus dem Badischen, 3 aus dem Marburger Gesangbuch, und 8 geschriebene.

Am Christabend sangen nun die Kinder zum ersten Male, und zwar jedesmal nur in einer Gasse, wobei sie vor den Häusern blieben, oder auch auf Einladung in die Stuben gingen. Einer trug den Stern, in dem ein Licht war, auf einer etwa 7 Fuß hohen Stange. Zuerst wurde aus dem Gesangbuch Nr. 44 gesungen: „Gott ruft der Sonn und schafft den Mond, das Jahr darnach zu theilen," dann gaben die Leute an, welche Sternlieder sie gesungen haben wollten; den Schluß bildete immer „Wer ist wohl, wie Du?" Darauf trat einer der Knaben mit einer Büchse hervor, um kleine Gaben für die junge Schaar zu sammeln. Das zweite Mal wurde am Stephanstag gesungen, das dritte Mal am Neujahrstag, und das vierte Mal am hl. Dreikönigtag. Der Schullehrer leerte jedesmal die Büchse, die durch Siegellack verschlossen war, aus, und vertheilte am Ende die Gelder, wozu manche Leute oft bis zu 24 kr. gaben. Die Knaben, die zum ersten Mal dabei waren, erhielten einen Batzen weniger als die älteren, mit denen der Lehrer in gleiches Theil stand. Doch vorüber sind für die Kinder diese Zeiten!

Dieses Singen wurde hier wohl beßhalb nicht auf die Osterzeit verlegt, weil von der Gemeinde durch die Kinder am Sonntag Lätare Mittag der Sommertag gefeiert wurde. Während an andern Orten, z. B. in der Pfalz, zwei Kinder verkleidet, den Winter und Sommer vorstellend, herumzogen und sangen, mußten hier zwei Knaben mit einander ringen, wobei der stärkere, der Frühling, den schwächeren, Winter, stets überwunden. Darauf wurde gesungen. Das Ringen war schon längst nicht mehr, aber am Sommertag Mittag ging der Lehrer mit den Kindern und Chorsängern vom Schulhaus aus an ein Ende des Orts, um den Sommer zu holen. Von da wurde unter Absingung eines Chorals vor das Schulhaus gezogen, da mehrere Frühlingslieder, in der letzten Zeit vierstimmige, gesungen; den Schluß bildete der Choral: „Nun danket Alle Gott". Hierauf wurden, da die ganze Gemeinde, Alt und Jung sich versammelt hatte, auf Kosten der Gemeindekasse Milchbrode durch Bürgermeister und Gemeinderäthe ausgetheilt, der Art, daß die Kinder, welche am Morgen in der Kirche vorgestellt wurden für die am Sonntag Jubica stattfindende Confirmation für 4 kr. erhielten, die übrigen Schulkinder für 2 kr.; dann wurde an alle Kinder der Gemeinde, es kamen auch sehr viele auswärtige, auch die, welche die Mütter auf den Armen brachten, ein Sommerweck ausgetheilt. Pfarrer und Gerichtsleute erhielten ebenfalls.

Auch diese schöne Erinnerung an die alten Sitten deutscher Zeiten, an diese Freude der Kinder — sie erhielten auch alle, wo möglich, auf diesen Tag neue Kleider —, ist nun für Rußheim nicht mehr. Nachdem der Sommertag schon lange in der ganzen Gegend abgeschafft war, wurde er hier dieses Jahr zum ersten Mal nicht mehr gehalten. Nicht um der Kosten willen, sie mochten jetzt etwa 25 fl. betragen haben, hob ihn der Gemeinderath auf, sondern weil die Leute oft 2 und 3 Mal mit ihren Kindern holen wollten.

So geht eine alte Sitte um die andere dahin!

Pfarrhaus und die andern öffentlichen Gebäude des Orts.

Das alte Pfarrhaus stand auf derselben Fläche, auf dem das jetzige steht, hinten auf das Feld, vornen auf die Almendgasse stoßend; aber Spuren von ihm sind keine mehr vorhanden, denn 1689 ist es, wie so Manches in jener grauenvollen Zeit, durch den Einfall der Franzosen sammt der Scheuer gänzlich eingeäschert worden, und damit ist Alles in Flammen aufgegangen, was uns heute aus den Acten helles Licht auf die ersten Zeiten der Pfarrei werfen würde. — Bis zum Jahr 1700 war denn kein Pfarrhaus in Rußheim. Erst da erhob sich wieder eine Wohnung für den Pfarrer, ein einstöckiges Haus, das über 100 Jahre manchen Pfarrer mit seiner Familie beherbergte. Im Jahre 1840 trat ein neues, das jetzige schöne, geräumige Haus an seine Stelle, mit seinen schönen gesunden Zimmern. Das alte auf Abbruch versteigerte Haus hat Zimmermann Friedrich Lang um 441 fl. wieder aufgebaut am Weg zur Hintergasse von der Mühle her.

Der erste Pfarrer im neuen Hause, welcher, ledig, während des Baues im Hause des jetzigen Kaufmanns Adam Schmidt wohnte, Victor Schaller, sollte es nicht lange benützen; im Juni 1840 ist er beim Baden im Rhein ertrunken.

Mögen die darin wohnenden Pfarrer glücklich für sich zum Heil ihrer Gemeinde wirken!

Das Rathhaus stund einst in der sogenannten vorderen oder Rathhausgasse zur Hälfte auf der Straße, wie solche noch in Liedolsheim und Linkenheim sind. Die Zeit forderte auch hier Opfer, da der Raum des nebenanstehenden Schulhauses nicht mehr genügte und zum Theil Unterricht auf dem Rathhaus ertheilt werden mußte. Im Jahre 1842 wurde das jetzige Rathhaus, das zugleich Schulhaus ist, erbaut. Im unteren Stock sind zwei Schulzimmer, eine Wohnung für den Unterlehrer, Gemeinderathszimmer, Wachstube und Bürgerarrest; im oberen Stock ist die Wohnung des Hauptlehrers und der sehr geräumige Bürgersaal. — Die Kosten beliefen sich auf etwa 20,000 fl. [1])

Die Spöt'schen Eheleute, welche ihre Wohnung an der Stelle des jetzigen Rathhauses hatten, erhielten das alte Schulhaus. Dieses hatte die Wohnung des Lehrers auf die Straße und ein großes, geräumiges, helles Schulzimmer in den Hof. Erbaut wurde es 1760. [2]) Ob vor dieser Zeit ebenfalls ein Schulhaus dagestanden, konnten wir nicht erfahren; möglich, daß zur Zeit des 30jährigen Kriegs noch kein Haus da war, denn im Dorfprotocoll ist von einer Zwerchgasse bei dem Rathhause die Rede, welchen Platz die Gemeinde später zum Schulhause benützt haben könnte. Beim Rathhause sind zwei Magazine zur Aufbewahrung der Tabakswaage und Feuerspritze.

Wirthshäuser sind heute fünf in Rußheim: Kanne, Krone, Lamm, Ochsen, Ritter. Das älteste in der Hintergasse mit dem Schilde zum Bären existirt schon lange nicht mehr; es war an der Stelle der Wohnung von Johann Geiß. Von den jetzigen sind nach den im Dorfprotocoll hie und da vorkommenden Namen die Kanne und Krone wohl die älteren. Das Lamm hatte lange Zeit den Schild eingezogen, da der frühere Besitzer Michael Schmidt in den 90er Jahren durch Mißhandlung von den Franzosen alle Lust zu einem öffentlichen Geschäft verloren hatte. Erst im Jahre 1839 wurde es durch den jetzigen Besitzer Ludwig Schmidt wieder eröffnet.

Zu den beiden öffentlichen Gebäuden nehmen wir noch die beiden Mühlen, die außerhalb des Orts am Wege nach Liebolsheim und Graben liegen und wollen mit der oberen oder Wald-

---

[1]) Das alte Wachhaus hat der jetzige Weber Daniel Volz oberhalb des Lamms.

[2]) War früher ein Wirthshaus in Knaudenheim und wurde bei der Verlegung des Ort von der hiesigen Gemeinde gekauft, während das ehemalige Schulhaus in Knaudenheim jetzt die Behausung des Gemeinderaths Georg Fried. Hörner ist.

mühle beginnen, da über sie uns auch die ältesten Nachrichten vorliegen. Die Gegend, in der diese Mühle steht, war früher Wald, wovon die Aecker heute noch die Benennung Waldstücker ¹) haben, und noch im Lagerbuch von 1700 von der Mahlmühle im Rußheimer Wald die Rede ist.

Diese Mühle war herrschaftliche Mühle, denn schon vom Jahre 1447 ist uns ein Erblehenbrief ²) bekannt von Markgraf Jacob über die Mühle zu Rußheim für Jost Sibon um jährlich 18 Malter Korn und Mästung von zwei Schweinen, und im Jahr 1531 willigt Markgraf Philipp in einen Kauf, wornach Caspar Müller in Rußheim die dasige Herrschaftsmühle an seine Geschwister um 400 fl. eingehandelt hat. Später finden wir diese Mühle als Erbgut der Gemeinden Liebolsheim und Rußheim, wahrscheinlich bald darnach, denn am 20. Juni 1660 hatten die beiden Gemeinden den Wasserbau ausgebrochen, der am 29. Juni wieder eingelegt wurde. — Neben dieser Mühle stand vordem noch eine Schleifmühle, die abgebrochen wurde und deren Platz die Gemeinden übernommen, aber jährlich 3 Schilling und 6 Pfennig Gültzins an die Herrschaft zu zahlen hatten. Ebenso mußten für die drei Gänge mit Schälgang jährlich auf Martini die in dem Erblehenbrief schon genannten Malter Korn, Ettlinger Maß, nach Graben ohne alle Kosten gegeben werden an guter, sauberer, wohlbereiteter Frucht und Kaufmannsgut. Dazu waren der Herrschaft noch zwei Schweine ein Vierteljahr lang zu ätzen oder dafür zwei Gulden zu geben. Dies letzte löste die Gemeinde schon 1752 mit zweihundert Gulden ab.

Das jetzige Gebäude wurde von den Gemeinden 1781 neu aufgebaut.

Die Namen der Beständer, so weit wir sie finden konnten, und

---

¹) 1770 wurde das erste Stück Wald ausgerodet, die alten Waldstücker; 1772 der zweite, die neuen Waldstücker.

²) Gen. Landesarchiv Repertorium über Ober-Amt Durlach, Carlsruhe, Pforzheim.

von denen der Gemeinde jährlich ein Pacht von 300—400 fl. gegeben wurde, sind [1]):

1694 Jacob Hartmann, aus Reichensachsen.
1699 Boltz.
1708 Jacob Weik.
1713 Normüller aus Stetten im Württembergischen.
1727 Bessinger.
1735 Johann Michael Soohl.
1736 Jacob Hartmann.
1747 Johann Geiß.
1787 Adam Herbster.
    Johann Schmidt.
1806 Philipp Hüttner.
1808 Manderscheid.
1810 Dörrfuß.

Im Jahre 1811 wurde die Mühle, nachdem das Erblehen abgelöst, an den hiesigen Vogt Schmied Gottlieb Grötziger um 16,005 fl. zu Eigenthum verkauft, doch gibt die Mühle an die Gemeinde jährlich noch 6 Malter Schützenfrucht, und die Gemeinde der Mühle drei Gulden.

1831 kam Georg Friedrich Grötzinger auf die Mühle, und 1836 dessen Tochtermann Bürgermeister Jacob Friedrich Elser, dessen Wittwe sie noch jetzt besitzt.

Die untere oder Schleifmühle, gegenüber der Schelmenhecke, [2]) war Privateigenthum; früher eine Stampf- und Schleifmühle, unter Markgraf Friedrich Magnus zu einer Mahlmühle gemacht mit einem Gang, zahlte jährlich Zins auf Martini 13 Schil-

---

[1]) Die Zahlen sind die Abgangs- oder Todesjahre, da wir es nur aus dem Sterbbuche finden konnten.

[2]) An andern Orten Schelmenbaum, -grab, -acker, -rücken, -bläzlin, -busch. — Die Schelmen sind nicht immer Spitzbuben. Der Schalmo war bei den alten Teutschen ein Mann, nämlich die Personification der Pest oder jeder andern Seuche, die viele Menschen und Thiere wegrafft, darum die Erwähnung, die Grabstätte für beide bezeichnen. Mone Urgesch. I., 291.

lung 6 Pf. und für die neue Einrichtung jährlich 3 Malter Korn.

Nach einem Vogtgericht von 1657 hatte die Mühle einen Schweinfasel für den Flecken zu halten wie vor Alters, und erhielt dafür vom Flecken einen Gulden; auch war für ein Stück Platz an den Flecken jährlich ein Ortsgulden 3 Pf. Bodenzins zu zahlen.

Die uns bekannt gewordenen Besitzer waren:

1698 Johann Martin Elser (auch Elsner geschrieben).
1731 Johann Friedrich Elser. [1]
1737 Bernhard Friedrich Elser.
1740 Georg Ulrich Britz.
1762 Daniel Knobloch.
1785 Georg Friedrich Meyer.

---

[1] Von diesem erzählt Archidiaconus Joh. Jac. Wechsler in Durlach (geb. d. 19. Sept. in der Reichsstadt Weißenburg im Nordgau, 1706 Pfr. in Knielingen und Mühlburg, 1721 Subdiacon, und 1721 Archidiacon in Durl.) bei seinen bedenklichen Amtsfällen: den 16. März 1725 versicherte mich Christian Seemann, Müller seines Handwerks und Bürger in Durlach als mein Beichtkind einige Tage vor seinem Ende der Gewißheit folgende Erzählung: Vor 1½ Jahren von nun an, da er (Seem.) in Graben Mühlknecht gewesen, habe ihn der Schleifmüller in Rußheim Namens Elser ihn in seiner Krankheit zu besuchen bitten lassen. Auf sein Erscheinen habe ihm der in entsetzlicher Geschwulst daliegende aus einem unter dem Kopfkissen hervorgezogenen Schächtelein ein schwarz Männlein, dem ein Zettel um den Leib gebunden, in die Hand gegeben, dafür der Kranke nur eine Landmünze, und endlich nur einen Kreuzer begehrt, unter welchen Worten das Männlein, das eine starke Spanne lang gewesen, mit recht starker und rauher Mannsstimme gesprochen: Ich will eine Handschrift haben. Weil aber Seem. sich über dieses mächtig entsetzt, wendete er vor, er habe kein Geld und er müsse zuvor sein Weib zu Rath ziehen. Unter diesem Vorwand habe er sich von dem Schleifmüller losgemacht, und sei nicht mehr zu demselben kommen. Er merkte aber dabei an, daß, als damals dieser Müller in einer entsetzlichen Geschwulst nebst seinem einzigen Sohn dagelegen, die von ihm zu Stafforth um 8000 fl. baar Geld erbaute Mühl für unbrauchbar erklärt worden, und er einen Wasserbau, der ihn gegen 2000 fl. gekostet, wieder haben abbrechen lassen müssen.

1803 Carl Friedrich Meyer.
1819 Georg Gabler.
1830 dessen Tochtermann Georg Friedrich Geitz, der die Mühle 1839 neu aufbaute zu einem stattlichen Gebäude mit 3 Mahlgängen und einem Schälgang.
1857 Leopold Geitz, und nach dessen Tod die Mutter, und dann 1859 der Sohn Ludwig Geitz.

Zu diesen beiden Mühlen wurde 1787 noch eine dritte erbaut neben der Brücke über den Liesemer Graben, am Wege nach Liedolsheim, ¼ Stunde vom Ort, die Neumühle genannt, und der erste Neumüller war

Johann Christoph Knobloch.

1796—1815 Johann Friedrich Knobloch, dann wieder Christoph Knobloch.

Im Jahre 1828 wurde die Mühle von den Gemeinden Hochstetten, Liedolsheim, Graben und Rußheim um 7000 fl. gekauft und abgebrochen.

Gemeinde-Wesen.

Nach dem 1389 von Ritter von Schmalenstein ausgestellten Lehenrevers scheint Rußheim eine Vogtei gewesen zu sein, doch bei der Renovation des Amts Graben 1566 war es in den Stab und das Gericht Liedolsheim gezogen und erhielt erst in diesem Jahre ein besonderes Gericht. Wie groß jedoch die Gemeinde war, kann natürlich nicht bestimmt werden, da aus früheren Zeiten nichts da ist als ein Dorfprotocollbuch von 1645, weil in Kriegsnoth das alte verloren. Das Kirchenbuch beginnt erst mit dem Jahre 1692. Darnach waren hier 55 Bürger und 17 Wittwen bei 44 Rauchstätten. Taufen waren in den nächsten Jahren 12—14. In diesen Zeiten, beinahe immerwährender Kriegsnoth, war Alles schwankend, der Werth der Güter gering, denn bei dem 1647 ersten eingetragenen Kauf wurde von Nicolaus Langjahr von Pforzheim für sein Haus in der Rathhaus=

gasse 35 fl. erlöst, und in der Hintergasse wurde ein halbes Haus um 8½ fl. abgegeben.

Bei der bamals ganz ungünstigen Lage Rußheim's für den Feldbau, muß es doch auch Manche gegeben haben, die das Wenige ihnen bei der Almendtheilung Zugefallene nicht gehörig bauen wollten, denn in dem 1657 gehaltenen Vogtgericht durch den Amtmann Johann Mich. Willius von Graben wurde bestimmt, daß hinfürter, wessen Almuthwießen getheilt wurdt welcher die seine nicht Seubert, die Heckhen auß wurt hawen Soll im dießselbige wieder gegeben werden, ohne gelößt.[1]

Daß natürlich unter den obwaltenden Umständen, wo entweder keine Schulen, oder dieselben nur sehr dürftig waren, oft und längere Zeit kein Pfarrer im Ort, auch kein Gottesdienst gehalten werden konnte und die Rohheit des Kriegs sich eingeschlichen hatte, das religiös=sittliche Leben nach und nach zerfallen, ist leicht erklärlich. Statt treuen Glaubens kehrte zum Theil Aberglauben, statt strenger Sitte Sittenlosigkeit ein, der Glaube an Hexen und Hexenwesen hat sich ja leider bis auf unsere Zeit von Familien zu Familien fortgeerbt. — Von den sittlichen Zuständen zeugen einzelne Bemerkungen in den Todtenbüchern, so vom Jahre 1702, dort heißt es bei der Beerdigung eines Mädchens, Tochter Heinrich Heidens, welcher Weib und Kind sitzen lassen und leichtfertiger Weise davongelaufen mit einer Hure, 14 Jahre alt, welche nicht zum hl. Abendmahl, auch sonst zu keiner Schule ist angehalten worden.

Die Regierung suchte wohl durch öftere strenge Maßregeln dem unsittlichen Leben, das hauptsächlich durch die Soldaten verursacht wurde, Einhalt zu thun, wie auch Frevel, Unrecht, Friedbruch zu strafen. Eine Spieleinung mußte in Rußheim 5 Schilling geben, und der Wirth, in dessen Hause gespielt wurde, 10 Schill. Pfennig, so oft es vorkommt. Aber trotzdem ging das ausgelassene Leben fort, die Sonntage wurden nicht heilig

---

[1] Eine Bestimmung, die heute noch bei jeder Almendtheilung ihre gute Wirkung haben würde.

gehalten, so daß nach einem herrschaftlichen Befehl der Amtmann zu Graben am 5. Mai 1705 die üblichen Kirchweihen bei einer Strafe von 10 Thalern gänzlich abstellte, und durch die Regierung wegen des Tanzens, Spielens, Zechens, Wirthshaussitzens und andern Ueppigkeiten, wodurch die Sonn= und Feiertage entheiligt und geschändet werden, eine strengere Sonntagsfeier eingeführt wurde.

Weil man sich um den Gottesdienst nicht viel kümmern wollte, und oft Morgens vor der Kirche über Feld ging, wie es heute in Rußheim noch so Viele thun, verbot eine Kirchenvisitations=Verordnung vom October 1772 das Ueberfeldlaufen vor der Vormittags=Kirche, und wer ging, mußte des andern Morgens ein Zeugniß von dem Pfarrer vorzeigen, in dessen Ort er dem Gottesdienst beigewohnt.

Bei den Hochzeiten wurde am Sonntag vorher und an dem Hochzeittage Morgens vor der Kirche gezecht, die sogenannte Morgensuppe gehalten, was jedoch wegen des schädlichen und schändlichen Unwesens Markgraf Friedrich Magnus 1705 abstellte.

Von einer Last der Herrschaft gegenüber wurden die zum Amt Graben gehörigen Orte Graben, Liebolsheim, Rußheim schon frühe befreit. Markgraf Carl II. hob Sonntag nach Exaudi 1563 von Pforzheim aus das Haupt= und Todfallrecht auf. — Darnach hatte nämlich die Herrschaft bei dem Tode einer Mannsperson das Recht an das beste Haupt Vieh, und wenn kein Vieh hinterlassen, nach dem Vermögen der Hinterlassenschaft das Hauptrecht an Geld zu schöpfen. Von einer leibeigenen ausgesessenen Frauensperson mußte das beste Gewand zum Hauptrecht gegeben werden.

Die Gemeinden des Amts Graben, Graben, Rußheim und Liebolsheim wollten auch von dem Zoll befreit werden, den sie erlegen mußten für außer Lands gekaufte Früchte, Wein und andere Dinge, behaupteten, sie hätten schon lange Jahre ein Privilegium dafür und hätten auch alle Kosten und Zehrungen, so bei den

Fischwasser-, Wiesen-, Aeckericht ¹) und Zehntversteigerungen, so wie auch bei Vogt- und Ruggerichten aufgingen, zu bezahlen. Der Markgraf schlug die Bitte ab, da sie sich die bisherige Zollbefreiung angemaßt und kein Privilegium vorzeigen könnten, die andern Landesunterthanen ebenfalls ihre Lasten hätten und doch von dergleichen Zolleinrichtungen nicht befreit seien. ²)

Doch hatte die Gemeinde noch andere Abgaben an die Herrschaft nach Graben zu zahlen — so

auf Michaeli einen Vogtsgulden,

eben auf den Tag 50 fl. Beet, ³)

auf Martini einen Gulden für den Nachrichter, ⁴)

auf Georgi einen Gulden für den Taubenflug.

Die Vogel- oder Taubenwaid gehörte dem Markgrafen — 1700 schon wurde sie nicht mehr verliehen, deßhalb mußte die Gemeinde jährlich diesen Gulden geben.

Ferner mußte jedes Haus zu Nußheim, darinnen man Rauch hat, beßgleichen ein jeder Einwohner, so zu Haus ist, er habe ein eigen Haus oder nicht, jährlich der Herrschaft eine Fastnachthenne und ein Rauchhuhn geben.

Weiter war die Gemeinde schuldig von den auf Grabener Gemarkung liegenden herrschaftlichen Güter, die sogenannten Hubengüter, 72 Morgen, wenn solche nicht in der Frohnd

---

¹) Ackericht sind Eicheln, und Nußheim hatte, wenn es in den Herrschaftwald auf seiner Gemarkung die Schweine trieb oder behmte von einem jeden alten Schwein 2 Schilling Pfennig und von einem jeden jungen Schwein 1 Schilling Pf. zu geben.

²) Carlsburg den 22. October 1701.

³) Bete oder Bette, Peeth bedeutet gewöhnlich so viel als Bitte. Deßhalb liest man oft, die Erlaubniß sei ertheilt worden durch Bette willen ꝛc. Daher ohne Zweifel das Worte Bete, das eine gewisse Auflage bedeutet und statt Steuer steht. Sachs II., 63.

⁴) Das Hochgericht war im Münchfeld bei Liebolsheim, dort ist auch die Galgengrabenbrücke. 1683 z. B. wurde das Hochgericht durch die Gemeinden Liebolsheim und Nußheim aufgerichtet, wobei die Handwerksleute keinen Lohn erhielten, dagegen Jeder 1 Maas Wein und für 1 kr. Brod. Dies hat den Flecken Nußheim 14 fl. gekostet.

bepflügt und besämt wurden, alljährlich dem Amtmann zu Graben auf Georgi 20 fl. Frohndgeld zu geben. Dies hatten auch Graben und Liebolsheim zu leisten. — 1750 wurden diese 3 Hubengüter von der Herrschaft verkauft um 2311 fl. und das Frohndgeld 1751 von den 3 Gemeinden mit 500 fl. baar abgelöst.

Ortsalmosen.

Das Almosen hatte früher den Namen Fleckenalmosen, hatte Güter und Kapitalien, die von der Gemeinde durch zwei immer neu gewählte Almosenpfleger verwaltet wurden, denn nach dem Dorfprotocoll waren 1647 35 fl. ausgeliehen gegen 1 Morgen Unterpfand. Im Jahr 1666 hat das Almosen 2 Stück Aecker in der krummen Gewann um 27 fl. verkauft, und am 15. Juli 1685 wieder einen Morgen (den sogenannten Höllenacker) an Paul Spöck um 60 fl. — Wie groß das Vermögen war, ist nirgends aufzufinden, doch sammelte es sich aus dem Geld, das in den Klingelbeutel gelegt wurde. Es mußte bei Hochzeiten Almosensteuer gegeben werden, dann waren in den Zunftstuben, Kaufläden, Handwerksstätten und Wirthshäusern Almosenbüchsen angebracht. In den letzteren waren es die sogen. Schwörbüchsen. Nach einer fürstlichen Verordnung von 1722, die am 25. Mai 1752 wieder eingeschärft wurde, war jeder Schild und Straußwirth ernstlich angehalten, jedem Gast, er sei welches Standes er wolle, so bald er sich mit unbesonnenem Fluchen übereilt, die in ihren Herbergen angeordnete Schwörbüchse zu präsentiren, ihn der begangenen Uebereilung erinnern und zu Einlegung einigen Geldes, und unter allenfallsiger Androhung er sonst bei der höhern Obrigkeit anzubringen, anzuhalten. Sollte der Wirth es nicht thun wollen, so mußte er zur wohlverdienten Strafung seiner unordentlichen Menschenfurcht und Gewinnsucht eine Geldbuße von 30 kr. bis 1 fl. 30 kr., je nach Umständen, in die Schwörbüchse legen, die alle Vierteljahr auf dem Land von dem

Geistlichen und Heiligenpfleger, in den Städten durch zwei vom Gericht und Rath aufgeschlossen wurde. Der Betrag wurde an die geistliche Verwaltung abgeliefert, denn seit der Errichtung des Waisenhauses in Pforzheim mußten vom Mai 1718 an alle Fleckenalmosengelder dahin abgeliefert werden, was sie an Kapitallen, Zinsen, Stiftungen und andern dergleichen hatten. Die weiter eingehenden Gelder mußten alle Vierteljahr eingeschickt werden.[1]) Um diesen für die Gemeinden so empfindlichen Verlust wieder zu heben, gab Markgraf Carl Friedrich am 31. Juli 1759 ein Edict, wornach alle Klingelbeutelgelder, Alles, was den Almosen in's künftig Geschehende vermacht, erspart und zu Kapital angelegt wird, den Gemeinden überlassen bleiben soll, dagegen sollen die Almosen auch wohl verwaltet werden. Für das Waisenhaus wurde eine Hauscollecte zweimal des Jahrs, an Neujahr und Pfingsten, angeordnet.

So konnte sich das Almosen wieder heben, wie es hier, wenn auch nicht besonders viel in den Klingelbeutel gelegt wird, zu einem schönen Kapital angewachsen ist, aus dessen Zinsen den Armen, je nach Umständen, die Thränen der Noth gestillt werden können, wie sie es in den letzten Theurungsjahren empfunden haben, wo die Hausarmen ihren Bedarf an Brod aus dem Almosen erhielten.

Stiftungen.

Die älteste Stiftung für das Almosen ist von Hans Buch, der demselben am 25. Dezember 1666 ¾ Morgen Aecker vermachte. Am 27. März 1692 hat Margaretha, Wittwe von Martin Buch, in die Rußheimer Kirche ein messingenes Taufbecken gestiftet.

---

[1]) Besonders empfindlich aber war im Durlachischen der erlittene Verlust der Localalmosen, aus denen, in Kraft eines Gewaltstreiches unter der vorigen Regierung, ein Zucht- und Waisenhaus gebaut worden war, sagt v. Drais darüber in seinem Gemälde von Carl Friedrich S. 14.

An demselben Tag stifteten Georg Martin Zobell und seine Ehefrau Margaretha ein gestreiftes und blau gebildtes Altartuch.

1694 ist eine Stiftung von Apollonia Zobell, Wittwe, nämlich ein weißleinenes Taufsteintuch und ein neues, schwarzwollenes Kanzeltuch.

In demselben Jahr stiftetet Eva Roth, Wittwe, ein flächsernes Altartuch.

1695 auf Epiphania-Fest wurde von Maria, Johann Nicolai Holstein's Ehefrau, bürgerlich und wohnhaft zu Hall in Sachsen eine steinerne Kapsel von der Materie, wenn Gift hineinkommt, es verspringt (so heißt es in der Aufzeichnung im Kirchenbuch), zu einer Hostienbüchse in die hiesige Kirche vermacht und zu einem Neujahrgeschenk aus Hall in ihr Geburtsort hierher geschickt, wobei bemerkt wird, „die auch gleich selbigen Tag gebraucht wurde". [1]

1696 stiftete Johann Buch, d. J. Schultheiß, eine Taufkanne, 1698 derselbe eine 1¼ Maß haltende zinnerne Kanne zum Gebrauch beim heiligen Abendmahl. Dieselbe wurde 1779 renovirt und ist heute noch im Gebrauch.

1712 gab Margaretha Gangwolf drei Gulden zur Verkleidung des Altars — wurde zu Spitzen verwendet.

1714 am 9. Juli der damalige Kronenwirth Johann Sebastian Spöck, eine silberne, inwendig vergoldete Kapsel.

Erst im Jahre 1811 finden wir dann wieder eine Stiftung von Hans Michael Karch von 500 fl., wofür durch Pfarrer Gmelin von Liebolsheim aus der Sammlung des Fürstbischofs Stirum von Bruchsal die Oelgemälde gekauft wurden, die heute noch die Kirche schmücken, nämlich die 12 Apostel nebst dem Apostel Paulus, Johannes der Täufer, die Kreuzigung Christi. Die beiden letzteren hängen oben am Bogen des Chors zu Seiten einer Votivtafel, die zum ehrenden Gedächtniß des Stifters

---

[1] Leider ist nicht angegeben, aus welcher Familie diese edle Geberin stammte, die einen so frommen Kindessinn für ihre Heimath bewahrte.

dort angebracht ist. Die Bilder der Apostel hängen an der vorderen Emporbühne.

Auch ein neues Altartuch wurde von Karch gestiftet.

Die letzte Stiftung ist aus dem Jahre 1833 von Michael Roth, ein Kapital von 500 fl., aus dessen Zins Unbemittelten Schulgeld bezahlt wird.

Während an andern Orten da und dort Herzen und Hände sich öffnen, um für ihre Kirche ein Schärflein der Liebe zu geben, scheinen hier die Herzen nicht mehr so willig zu sein, wie die ihrer Ahnen, obwohl der äußern Mittel viel mehr sind, als früher.

Bürger der Gemeinde.

Daß im Laufe von Jahrhunderten Geschlechter kommen, Geschlechter gehen, ist der Lauf von Gott verordnet für uns Menschen — und auch die hiesige Gemeinde hat einen Wechsel der Familien in reichem Maße erfahren.

Da das Kirchenbuch erst mit dem Jahr 1692 beginnt, so konnte für frühere Zeiten nur das Dorfprotocollbuch einen Anhaltspunkt geben, und hier kommen Namen von Bürgern vor, die sich im Kirchenbuch nicht mehr finden: Brodkircher, Geggenheimer, Häußler, Hammer, Henniger, Jock, Nonnenmacher, Rauscher, Rogner (Kronenwirth), Schirmer, Schütz [1]), Schweikert, Wentz, Zobell.

Nach dem Kirchenbuch sind die ältesten Familien: Baier (ausgestorben 1741), Boltz, Buch, Elser, Gangwolf, Geiß, Haas, Hacker, Hager [2]), Haushalter, Heger, Hörner, Lang, Körber

---

[1]) Aus dieser Familie kennen wir vom Jahr 1671 einen Wendel Schütz, welcher unter dem Präsidium von Dr. Isaac Faust zu Straßburg eine Disputation vertheidigte de Christo sedente in dextra Dei über Col. 3, 1, und diese Schrift Joh. Georg Sigwart, Markgräfl. Geh. Rath und Kammerdirector, wie auch Erhard Kiesser, Amtmann zu Graben, dedicirte.

[2]) Hacker, Hager, Heger scheinen früher eine Familie gewesen zu sein

(Mannsstram stirbt 1829 aus), Karch (der letzte zog nach Karlsruhe), Kuhn, Moos (Moß), Meeß, Roth, Schmidt, Siegel, Spöck, Reinacher, Werner, Weber (stirbt 1822 aus), Zimmermann.

Dazu kamen nun noch die Väter der jetzigen Familien.[1]
1696 am 5. Mai Hans Adam Braun von Liebolsheim.
1699 am 7. Februar Christoph Stutz von Eggenstein.
1706 16. Nov. Joh. Mich. Stirn, Webergesell aus Dertingen im Württembergischen, die Familie stirbt schon 1754 aus.
1707 11. Mai — Daniel Müller, Hufschmied aus Rohrbach über'm Rhein, reform., stirbt 1731.
1714 11. März — M. Kuhnle Hintersaß zu Oberläß über'm Rhein.
1714 19. März — Martin Seith, wahrscheinlich von Liebolsheim.
1715 27. März — Georg Anton Krauß aus Formersstein in der Pfalz.
1720 23. Mai — Michael Löhlein aus Memelsdorf in Franken, Webergesell.
1722 20. Dez. — Johann Georg Oberlin von Liebolsheim.
1725 20. Nov. — Wilhelm Bergbol, Bäcker von Dürrenbach im Herzogthum Zweibrücken.
1728 2. Dez. — Jacob Moog aus Oberglant im Zürchergebiet, Zimmermann, reform., stirbt 1765. —
1732 12. Juni — Jacob Martin Oehlbach von Linkenheim.
1732 12. Juni — Johann Georg Albert, Wagner von Eschau im Erbachischen.
1737 15. Jan. — Joh. Jac. Stein, Krummholz von Berwangen im Helmstädtischen, dessen Wittwe † 1781 ohne Kinder.

---

in dem Namen Hager; nur durch verschiedene Schreibarten wurden 3 Familien daraus.

[1] Auch gab es noch viele Beisitzer und Hintersaßen, meist Katholiken, wie Appel, Greiner, Hauck, Konz, Kramer, Ludwig, Mintz, Meichlin, Scheck, Schilling, Sinnecher, Weiß, Wolf.

1738 25. Februar — Conrad Fetzner von Spöck, stirbt 1775.
1739 17. Nov. — Mathias Scholl von Graben, die Familie stirbt 1822 aus. —
1740 — Johann Mayer von Göppingen.
1744 25. Feb. — Johann Dan. Knobloch von Eggenstein.
1746 18. Oct. — Georg Christoph Raber, Küfer von Graben.
1748 29. Juni — Johann Georg Schilling, Weber, katholisch, trat vor der Trauung zur luth. Kirche über, die Familie stirbt 1777 aus.
1749 18. Febr. — Mathias Oswald, katholisch, wie auch seine Frau Maria Anna Steehofer, verpflichtet sich jedoch, die Kinder lutherisch werden zu lassen, die Familie stirbt 1787 aus.
1749 11. März — Lorenz Lauer, Korbmacher aus Kirchheim im Württembergischen, die Familie stirbt 1773 aus.
1749 8. April — Johann Heinrich Mock aus Graben.[1])
1749 22. April — Wendel Keller von Liedolsheim, zog in demselben Jahr nach Pennsylvanien.
1750 14. April — Joh. Mich. Erhardt, Schmied von Linkenheim, die Familie stirbt schon 1771 aus.
1750 26. April — Friedrich Gottlieb Grötzinger aus Hüfingen im Württembergischen, der Mannsstamm stirbt 1849 aus.
1754 21. Mai — Johann Christoph Seitz, Wagner von Liedolsheim.
1755 6. Sept. — Johann Georg Sieler von Wildenholz in Hohenloh-Schillingsfürst, die Familie stirbt 1790 aus.
1756 22. Nov. — Mathias Kemm, Wagner von Graben.
1759 — Christoph Geiger.
1761 10. Febr. — Georg Mich. Seeger, Müller von Blankenloch.

---

[1]) Sollte wegen des Almendgenusses nicht als Bürger angenommen werden; als er den Entschluß faßte, mit seiner Verlobten nach Pennsylvanien auszuwandern, wurde er angenommen.

1763 25. Febr. — Johann Georg Keinath, Maurer von Winterlingen, Herzogthum Württemberg.
1765 25. Februar — Chistian Fetzer aus Thieringen, Herzogthum Württemberg.
1768 11. Juli — Philipp Ludwig Ratzel von Linkenheim.
1770 21. Nov. — Johann Adam Oberacker, Hufschmied von Stafforth.
1779 9. Febr. — Georg Kuhnle von Lehningen bei Pforzheim.
1805 30. Juli — Johann Georg Gabler, Müller, Sohn des Sattlers Johann Georg Gabler in Leutershausen im Ansbachischen, Mannsstamm stirbt aus 1841.
1825 12. Juli — Georg Friedrich Geitz von Graben.
1836 11. Aug. — Samuel Bischoff von Dietlingen, nach Amerika.
1836 17. Nov. — August Heinrich Hornung von Graben.
1846 29. Oct. — Christoph Friedrich Bühler von Oberöwisheim.
1849 27. Sept. — Ludwig Friedrich Kolb von Menzingen.
1849 23. Oct. — Daniel Heyl, Schlosser von Liebolsheim.
1849 29. Nov. — Philipp Süß von Graben.
1851 22. Mai — Johann Jacob Häfner von Rosenberg.

Auswanderungen.

Gleich nach Beendigung des 30jährigen Kriegs findet sich schon ein Wegzug, 1650 ging nämlich ein Lorenz Roth in die Markgrafschaft Beyreuth. — Solche Wegzüge waren wohl auch von der Regierung vorgesehen, denn es war bestimmt, wer in eine andere Herrschaft oder nach Pforzheim, oder so Jemand außer Lands zieht, oder ein Pforzheimer Etwas zu Rußheim erbt und fortnimmt und verkauft, muß den zehnten Gulden oder Pfennig geben, oder nachlassen, von den Pfalzgräfischen und

Speierischen Unterthanen wurde der zwanzigste Gulden gefordert, wie auch umgekehrt.

Bald nach dieser Zeit müssen wieder Andere weggezogen sein, denn 1670 hat die Herrschaft Aecker in der Mörsch von denen verkauft, so außer Lands gezogen sind um 24 fl., ebenso 1671 ein Viertel Acker auf den Wurtsrück um 7 fl. 30 kr., und weiter 1½ Viertel, ebenfalls von solchen, so außer Lands gezogen sind; am 26. März 1671 2½ Viertel um 13 fl. 30 kr., und den dritten Theil von einem Morgen in der Mörschgewann um 19 fl. —

1690 zog ein Bastian Clauß von hier fort, ohne bestimmte Angabe wohin. [1])

1737 mußte Joh. Georg Albert mit seiner Frau in's neue Land (Amerika) ziehen [2]).

1744 zog ein Martin Schmidt nach Pennsylvanien, und am 22. April 1744 Wendel Keller von Liedolsheim, aber hiesiger Bürger, ebenfalls dahin.

1792. Von der Zeit an sind keine Auswanderungen bekannt, bis zum Jahre 1847, wo Karl Friedrich Raber, Ludwig Raber und Karl Schaub mit ihren Familien nach Amerika zogen; denen folgten weitere Auswanderungen nach Nordamerika. 1853 Ludwig Werner mit Familie und der ledige Friedrich Reinacher, später August und Friderike Schaub, ledig, und im nämlichen Jahre die ledigen Brüder Adam und Daniel Haas, dann die ebenfalls ledigen Friedrich Lang, Karl Seitz, August Reeß. 1854 zog Samuel Bischoff mit Familie fort, dann im Spätjahr Georg Friedrich Hörner und Christoph Hacker, ebenfalls mit Familien. 1856 ging die ledige Friderike Reinacher fort, und im

---

[1]) Die Ortssage läßt diese Leute in die Krimm gewandert sein. —

[2]) Wegen der damaligen Auswanderungen erschien im Jahr 1737 ein fürstliches Decret, betreffend die so in's neue Land reisen — „da man in Erfahrung gebracht, es wäre solches Land schon ziemlich besetzt und sei deßwegen das hochfürstliche landesväterliche Anrathen, daß dero Unterthanen von solchem unüberlegtem Vorsatz abstehen möchten."

Sommer 1857 Schuhmacher Friedrich Spöck mit Familie und der ledigen Christine Schmidt und Sophie Reinacher.

Kriegszeiten und Kriegsleiden.

Einzelne Aufzeichnungen aus den Schreckenszeiten sind im Orte nicht vorhanden; doch sah Rußheim schon den Anfang des 30jährigen Kriegs. Der vertriebene König von Böhmen, Friedrich, kam nach der verhängnißvollen Schlacht am weißen Berg bei Prag am 12. bis 22. April 1622 plötzlich und unerwartet aus Holland über Paris zu Landau an, und sandte noch am gleichen Tage von Germersheim aus, wo er mit Mannsfeld zusammentraf, nach einander zwei Schreiben durch Eilboten nach Durlach, seine Ankunft zu melden und Hilfe von dort zu erhalten. Gott wird, so heißt es in ihnen, dem treuen und väterlichen Sinn Euer Liebden, sowie unsern beiderseitigen gerechten Bestrebungen seinen Beistand nicht versagen. Morgen führt daher Mannsfeld mein Heer bei Rußheim auf das rechte Rheinufer. Dies geschah in folgender Nacht.

Auf diese Nachricht faßte der Markgraf Georg Friedrich, der bisher zwischen Krieg und Frieden schwankte, den festen Entschluß zum offenen Kampfe, der den badischen Landen früher als Württemberg, die Schrecknisse dieses furchtbaren Kriegs bereitet hat.[1])

Was der Ort selbst von nun an, da der Markgraf in der Schlacht bei Wimpfen geschlagen wurde, zu dulden und zu leiden hatte, haben die Todten mit in ihr Grab genommen, und von den Leiden im Allgemeinen hatte auch Rußheim seinen Theil zu ertragen und wird schon bei der Verheerung der markgräflich baden-burlachischen Lande durch Tilly (Mühlburg wurde verbrannt) im Juni 1622 nicht ganz unversehrt davongekommen sein.

---

[1]) Vierordt, Badische Kirchengeschichte II., 162 u. 163.

Nach dem am 27. August 1634 durch König Ferdinand über Bernhard von Weimar und General Horn erfochtenen Sieg bei Nördlingen verheerten die Kaiserlichen das Herzogthum Württemberg und die Markgrafschaft Durlach, wobei viele Unterthanen von den Soldaten niedergemacht, andere aber erbärmlich mißhandelt wurden.[1] Der Markgraf Friedrich wurde aller seiner Länder beraubt, eilte, wie auch der Herzog von Württemberg, mit seinem ganzen Hof nach Straßburg, wo er bis 1642 blieb und von da bis zum Frieden in Basel war.[2]

Der Kaiser setzte über die Markgrafschaft Baden den churfürstlich trierischen Marschall und Geh. Rath Johann Eberhard von Eltz (dem Markgrafen wurden fast alle Einkünfte entzogen). 1735 mußte unsere Gegend dem Churfürsten von Baiern huldigen. Da kamen die evang. Prediger in betrübte Umstände, die Besoldungen wurden ihnen entzogen. Auch wurden ihnen Dinge zugemuthet, in die sie ohne Verletzung des Gewissens nicht willigen konnten.[3] Zwei Jahre später wurden sie, besonders in der unteren Markgrafschaft, also in unserer Gegend, noch härter gehalten. Man forderte von ihnen unaufbringliche Contributionen und verjagte sie durch Plündern und Brennen.

In dem ganzen Bezirk, welcher die jetzige Diözese Karlsruhe und Durlach ausmacht, waren nur noch zwei Prediger,

---

[1] Sachs 4, 543.
[2] Theatrum europ. III. 381.
[3] Siehe die Antworten des Straßburger Theologen D. Dorschäus. Im Jahre 1642 ist die Zahl der Einwohner in der Markgrafschaft Hochberg sehr gering; es sind zwei einzige Pfarrer da für 30 Dorfschaften. Sie theilten sich so darein, daß die Elz statt der Grenze dienen mußte. Was diesseits lag, versah Joh. Thomas Besch, Pfarrer zu Malterdingen, was jedoch senseits sich befand, der Pfarrer zu Bahlingen, Friedr. Bürklin. Während der Belagerung von Breisach soll unter den markgräflich hochbergischen Unterthanen durch die Kaiserlichen so aufgeräumt worden sein, daß man nach der Eroberung nicht mehr als 24 ungetrennte Ehen hätte zusammenbringen können; 1747 mögen es wieder mehr als 4000 gewesen sein.

Schwenk und Zaisius, da alle Andern entweder gestorben waren oder verdorben, oder vom Hunger anderswohin getrieben wurden. In Durlach war noch der Rector und Generalsuperintendent Conrad Weininger, für den die theolog. Facultät zu Straßburg eine Bittschrift dem Markgrafen Friedrich übergab, ihn doch nicht Hungers sterben zu lassen, denn er hatte am 13. Juni 1639 der Facultät in einem beweglichen und höchst flehentlichen Schreiben seinen erbärmlichen, äußerst dürftigen und kümmerlichen Zustand geschildert, und dabei angeführt, er könne, wenn er Alles verkaufe, nicht auch nur einen Karch zu einer Tagreise dingen. Die Theuerung der Lebensmittel brachten Elend auf Elend.[1]

Die Noth hatte noch kein Ende. 1643 wurde der evang. Gottesdienst verboten und alle evang. Kirchen- und Schuldiener, die in Pforzheim und Amt Graben angetroffen wurden, von den bairischen Völkern ausgetrieben und römisch-katholische an ihre Stelle gesetzt.

In dieser schweren Zeit war Johann Friedrich Buß in Rußheim Pfarrer. Er schreibt am 24. Mai 1643 als gewesener Pfarrer zu Rußheim, nunmehr aber Exul, von hier aus an den Superintendenten und Consistorieldirector Conrad Weininger in Durlach:

„Wie es bei unsern Bemühen bei Churbayern in Bezug auf den evang. Gottesdienst in Graben stehe, haben wir keine Antwort erhalten. Der gewesene Pfarrer von Pforzheim hat auch nach Neuenbürg retiriren müssen. — Nach einer Bitte um ein Attest des Durlacher Consistoriums fährt er fort: Außerdem ich vier fürstlich markgräfliche Fräulein neben den Edelknaben über ein Jahr unterrichtet und meinen Studiis, so ich 1625—33 in Besuchung der Lectionen und letztlich in Exercitio des

---

[1] Das Matter Korn galt damals in unsern Gegenden 24 fl., 1 Pfd. Schmalz 8 Batzen, 1 Meßlein Salz eben so, der Vierling Schwarzbrod 6 Kreuzer, 1 Ei einen Batzen, 1 Huhn zwei Gulden. Die Leute suchten sich mit Hund- und Katzenfleisch und Fröschen bei dem großen Mangel zu erhalten; sehr viele sind Hungers gestorben. Sachs 4, 549.

Predigens zu Durlach auf dem fürstlichen Gymnasium theils sub persona beneficiarii, theils stipendiarii zugebracht, bin ich den 13. August 1633 zu einem Pfarrer zu Neureuth bestellt und von dem seligen Vicesuperintendenten Seemann am 8. Sept. ordinirt und präsentirt worden; von dannen hielt ich am 1. Januar 1636 durch Vorschub und Promotion Euer Ehrwürden und dem Freiherrn von Elß (dem kaiserlichen Commissär in Durlach) zwar nicht ohne Consens des Herrn Markgrafen Friedrich, die Pfarrstelle in Rußheim angetragen, wo ich der Kirche Gottes Sonntag Serazesimä durch Euer Ehrwürden vorgestellt wurde. — Weininger, der 1641 am 14. October die Kirchenvisitation vorgenommen, wisse, daß Rußheim sein Amt nach Pflicht geführt. — 1642 war wegen der bösen Zeit keine Visitation. — In Rußheim war er 7½, und in Neureuth ⅝ Jahre ohne herrschaftliche Besoldung, oft auf der Flucht, zusammen 70 Wochen lang. Von Neureuth aus flüchtet er sich auf den Pforzer Grund, zuweilen nach Durlach. Von Rußheim flüchtet er sich nach Germersheim (wo er aber Befehl erhielt, mit Weib und Kind innerhalb einer Stunde die Stadt zu räumen, weil er auf Begehren einiger Bürger deren Kinder confirmirte), theils nach Knaubenheim, theils nach Rheinsheim und Graben. Auch habe er all' sein Vermögen und Habe verloren, oft seien die Rußheimer entflohen und hätten ihn im Stich gelassen, oft sei er in größter Lebensgefahr durch die Reiter gewesen.

Als nach der Nördlinger Schlacht der Pf. Waldt von Knielingen entfloh, hat Buß auf die Bitte dieser Gemeinde 20 Wochen lang von Neureuth aus in dieser Pfarrei den Gottesdienst versehen, ohne alle Besoldung, wie die Gemeinden ihm bezeugen und nichts als Versprechungen („Maulfutter"). — Jetzt ohne weitere Hoffnung bittet er um schriftlichen Abschied und testimonium, damit er weiter ziehen könne, ehe seine Frau in's Kindbett kommt." [2]

---

[1] Gen. Landesarchiv — Pforzheimer Religionsveränderung 1643, Nr. 772.

Aus diesem Schreiben leuchtet genugsam das düstere Bild der damaligen Zeit hervor.

Als nach dem 30jährigen Kampfe 1648 der Friede zu Osnabrück und Münster geschlossen war, nachdem Rußheim 1644 bei der Einnahme von Philippsburg durch die Franzosen nochmals zu leiden hatte, wurde 1649 der evang. Gottesdienst durch den Markgrafen wieder eingeführt.

Am Ende dieser schweren Zeiten war in Rußheim Clemens Karch Schultheiß. Der Flecken war ihm Jahre lang seine Dienstbesoldung (von der Herrschaft war dem Schultheißen zu Rußheim die Fastnacht- und Rauchhenne aus Gnaden nachgelassen, auch war er frei von Frohndienst und durfte zwei Schweine in das Aeckericht behmen frei gehen lassen) schuldig geblieben und gab ihm 1650 dafür eine halbe Behausung in der hinteren Gasse und ein Stück Acker.

Der Friede dauerte nicht so gar lange, und im holländisch-französischen Krieg (1674—78) hatte Rußheim wieder viel zu leiden durch die Belagerung von Philippsburg.[1)]

Die Deutschen belagerten die Festung, in welcher Marschall

[1)] Philippsburg hieß früher Udenheim und wurde von Einigen Eybenheim, und kurzweg Eybenen genannt. Der Ort wurde früher als Flecken durch den Bischof Emich, Grafen von Leiningen, 1317 von einem Speirer Patricier, Heinrich von Cöln, für das Speierische Stift gekauft. Bischof Gerhard ließ den Ort mit Erlaubniß des Kaisers Ludwig V. zuerst befestigen und machte ihn 1343, nachdem er ihn mit Wall und Graben umgeben hatte, zur Stadt. Pfalzgraf Georg, Bischof von Speier, baute das alte Schloß wieder auf und machte es zu seiner Residenz. Bischof Marquard von Hattstein ließ 1570 die durch Krieg zerstörten Mauern wieder ausbessern. Aber erst Bischof Philipp Christoph von Sötern hat den eigentlichen Festungsbau 1617 angefangen, und von ihm hat es den Namen Philippsburg. Rhein. Antiq. 401.

Dieser Bischof Philipp Christoph von Sötern war seit 1610 Bischof in Speier, und von 1623—1652 Churfürst von Trier. Er war geboren 1587, Sohn eines protestantischen pfälzischen Raths und Oberamtmanns zu Kreuznach, aber erzogen von seinem Oheim und Pathen, dem Chorbischof in Trier. Siehe Dr. Vehse, Gesch. der deutsch. Höfe 46. Bd. 12. Thl. S. 12. Hamburg 1859.

Du Fays Commandant war, 1676. Kaiser Leopold hatte selbst das Commando des Heeres am Rhein. Als der kaiserliche Feldmarschall, Herzog von Lothringen, mit General Werthmüller im März nach Lauterburg ging, machte die französische Besatzung in Philippsburg einen Ausfall, brannte und verwüstete bis auf den Grund verschiedene Plätze im markgräflichen Gebiet. Die Kaiserlichen nahmen die Plätze wieder und setzten sich zu Graben, Rußheim und andern Plätzen fest. General Werthmüller lagerte hier (in der Nähe der Mörschgewann) mit 900 Mann und sperrte Philippsburg von dieser Seite. Ein neuer Versuch der Franzosen wurde zurückgeschlagen, so daß von 600 bis 700 Mann kaum 100 wieder nach Philippsburg kamen.[1] Der General-Feldzeugmeister Markgraf Hermann von Baden war mit seinen Leuten ebenfalls in Rußheim, und zog am 7. Juni eine halbe Stunde Philippsburg näher, nach Rheinsheim.

Am 8. August kamen verschiedene mit Franzosen angefüllte Schüten (Holzflöße) über den Rhein unter Herzog von Luxemburg, mit dem Vorhaben, zu Liebolsheim an's Land zu treten und so nach Philippsburg zu gelangen. Markgraf Hermann sandte jedoch in Eile etliche Truppen dahin und ließ auf dieselben dergestalt Feuer geben, daß sie mit ziemlichem Verlust wieder zurückkehren mußten.

Am 5. September 1676 übergaben die Franzosen die Festung, und mit ihrem Rückzug hatte die Gegend Ruhe, obwohl das Jahr 1679 zu Nymwegen erst den Frieden brachte.

Einzelheiten aus dem Orte selbst können auch aus dieser Zeit nicht gegeben werden, aber die Einzeichnung im Protocollbuch zeugt von unsäglichem Elend nicht blos während des Kriegs, sondern auch noch lange nach demselben; es heißt einfach: von 1671—1683 ist nichts im Protocollbuch eingeschrieben wegen Kriegsnoth.

Die Gemeindskasse hatte 1686 kein Geld, um eine Arbeit an

---

[1] Müller, verwirrtes Europa II., 337, 456 und III., 54 — und Ludolf's Schaubühne V., 149.

Brücken,¹) die baufällig waren, mit 223 fl. bezahlen zu können. Der Flecken mußte deßhalb 13 Viertel Acker verkaufen, für die er 273 fl. 45 kr. erlöste. Im selben Jahr wurde ein Haus für 80 fl. verkauft und ein Hausplatz für 18 fl., doch wurden diese Käufe baar bezahlt. —

Aber nun erst nahte die schrecklichste Zeit, der furchtbar verheerende französische sog. orleanische Krieg (1688—1697), da wo Frankreichs Herrscher ohne alle Veranlassung dem deutschen Reiche den Krieg erklärte. Schrecken war sein Anfang, Verheerung sein Lauf, Jammer und Elend sein Ende.

Am 21. September 1688 erschien das französische Heer unter Generallieutenant Baron Montclas wieder vor Phillippsburg und zog am 30. October in diese Festung ein. Damit waren sie auch Herren des Gebiets. Als an dem für die deutschen Lande so verhängnißvollen 31. Mai 1689 weithin die Flammen loberten, von französischem Feuer angefacht, und Speier, Worms bis in den Grund abbrannten, Bruchsal,²) zuerst verheert, und nachdem Alles, was darinnen, gefangen nach Philippsburg geführt worden war, erst angezündet wurde, da auch mußte Rußheim dieses furchtbare Elend erfahren. Auch hier loberten die Flammen durch die Franzosen, aber erst später am 13. October brannte das Pfarrhaus mit andern Häusern ab, wie am nämlichen Tage auch in Liebolsheim, Knaudenheim und Rheinsheim. Das Schloß in Graben³) wurde ebenfalls ein Raub der Flammen, es war erst 1684 wieder mit dem Amthaus aufgebaut, da das

---

¹) Die sogenannte Stehbrücke wurde durch Maurer Kohler aus Tyrol um 90 fl. renovirt.

²) 1676 wurden schon 500 Häuser in Bruchsal durch die Franzosen abgebrannt.

³) Markgraf Carl II. ließ 1566 das schöne Schloß in Graben erneuern, es diente zum fürstlichen Wittwensitze. Wegen dieses Schlosses hatte der Flecken die Freiheit, Jahrmärkte zu halten. Weil nun die von Speier sich dadurch beeinträchtigt hielten, so verbot der dortige Magistrat 1463 den Bürgern, keine Waaren mehr in die Markgrafschaft, und besonders nach Graben, zu führen, viel weniger daselbst viel zu verkaufen oder einzuhandeln. Lehmann, Chronik von Speier.

Feuer 1674 und 1675 schon einmal diese Gebäude verzehrt hatte.

Doch damit war die Noth noch nicht zu Ende. 1694 war das franz. Hauptquartier unter dem Herzog von Lorge zu Graben; dabei wurden, nachdem am 2. Februar 1690 schon der Ueberrest der Häuser vollends eingeäschert wurde und am 16. Juli 1693 der Dauphin mit seiner Armee daselbst campirte, alle Früchte völlig abgemäht. Auch in Rußheim müssen die Gewaltthaten ähnlich gewesen sein, denn die hiesigen silbernen, vergoldeten Abendmahlskelche wurden in diesem Jahre vom Kirchenrathscollegium nach Basel geflüchtet.

Am 13. August 1696 kamen die Franzosen von Philippsburg wieder hieher und nahmen den Leuten fast sämmtliches Vieh weg. Nach 7 Wochen wurde dasselbe, nach dem Dorfbuch, wieder zurückgegeben.

Der Friede wurde 1697 zu Ryßwik geschlossen.

Weitere Einzelheiten finden wir nicht; verwüstet war das Land, zerstört die Familien, mehr konnte wohl nicht geschehen.

Lange konnte das Glück des Friedens nicht genossen werden, benn schon 1702 brach der spanische Successionskrieg aus, der jedoch mehr in den oberen Theilen des Landes wüthete, während die untere Gegend durch die Belagerungen von Landau mehr oder weniger zu leiden hatte; der fürstliche Hof aber, nachdem Landau von den Franzosen wieder genommen, und Breisach und Kehl in deren Hände waren, am 6. Sep. 1702 und 9. März 1703, mußte wieder nach Basel sich flüchten. Nach dem Sieg bei Höchstädt am 13. August 1704 blieb der römische König Joseph auf dem Wege zur zweiten Belagerung von Landau, das am 22. Nov. nicht ohne ziemlichen Verlust erobert wurde, in Linkenheim über Nacht.[1)]

Durch die beständigen Durchzüge von Freunden und Feinden

[1)] Professor Malsch von Durlach überreichte ihm daselbst bei der Tafel ein lateinisches Gedicht, das er ihm zu Ehren aufgesetzt hatte und auch von Joseph gar gnädig aufgenommen wurde.

wurde das Land sehr mitgenommen; die Landschulen geriethen fast in gänzlichen Verfall, darum ordnete Markgraf Friedrich Magnus einen allgemeinen großen Fast-, Buß- und Bettag an wegen der continuirenden Kriegsläuften und der damit sein Fürstenthum und seine Lande obliegender großer Beschwerung. Er hält dies nicht nur für billig, sondern nothdürftig zur Abwendung und Linderung Gottes gerechtester Strafen. Niemand soll weder Speise noch Trank genießen, bis gen Abend nach Beendigung des Gottesdienstes, ausgenommen Kranke und Kinder. Die Wirthshäuser und Kramläden sollen gesperrt sein und von Niemand, bei Vermeidung schwerer Strafe, geöffnet werden.[1]

Im Jahre 1707 kamen die Franzosen unter Marschall de Villars nur bis Durlach; für die späteren Jahre wurde die Bühler und Ettlinger Linie festgehalten, so daß die untere Markgraffchaft nicht mehr beunruhigt wurde, bis zum 12. Juni 1713, wo die Franzosen unter Villars vor Landau wieder erschienen, das sie am 20. August mit Accord nahmen. Von da zog er sich mit 160,000 Mann nach Freiburg, das am 18. November übergeht. Die obere Markgraffchaft wurde dabei fast gänzlich ruinirt.

Am Ende dieses Jahrs werden die Friedenspräliminarien in Rastatt von dem Prinzen Eugen und Marschall Villars unterzeichnet, während der Frieden erst im nächsten Jahre zu Baden im Ergau abgeschlossen wurde.

Als Kaiser Karl VI. sich in die polnische Erfolge mischte und durch Zusammenziehung seiner Truppen in Schlesien den König Stanislaus an der Thronfolge hindern will, kündigt der König von Frankreich am 11. October 1733 durch ein öffentli-

---

[1] Decret aus der Carlsburg vom 23. October 1704.

ches Manifest von Straßburg aus dem Kaiser den Krieg an; schon am 13. Oct. wird das Fort Kehl durch den Marschall von Berwick berennt.

Ende Aprils 1734 besichtigte Generallieutenant Prinz Eugen von Savoyen von der deutschen Armee die unter General von Schmettau gemachte Linie, welche am Ufer des Rheins bei Daxlanden ihren Anfang nahm und sich über Mühlburg, Beiertheim, Rüppurr und Ettlingen bis an das Gebirg erstreckte. Die 20,000 Mann, die sie halten sollten, mußten sich zurückziehen, als die französische Armee am 2. Mai an 3 Orten über den Rhein ging; das mittlere Corps setzte bei Nußheim über. Prinz Eugen zog sich bis nach Heilbronn zurück; Herzog von Berwick ging gemächlich über Mühlburg, Linkenheim und Graben nach Waghäusel, und von da nach Bruchsal. — Das waren für unsere Gegend wieder Zeiten großer Noth. General d'Asfeld berennt mit mehr als 30,000 Mann die Festung Philippsburg.[1]) Die Belagerer zogen eine vortheilhafte Linie von Oberhausen bis Knaubenheim um ihr Lager, so daß die von Heilbronn anrückende, starke deutsche Armee sich nicht getraute, anzugreifen. Die belagerte Festung mußte sich nach einem tapfern Widerstand unter dem Commandanten Johann Friedrich von Wuttgenau endlich am 18. Juli mit Accord an die Franzosen ergeben. Nach dieser Uebergabe zog sich Prinz Eugen, der sich hier in der Nähe der Kirche gelagert hatte, wieder zurück, während die Franzosen unter General Quadt überall, bis ins Württembergische, Contributionen einzutreiben suchten. Fast die ganze Hardt wurde geplündert; zu Liebolsheim die von geflüchteten Sachen ganz angefüllte Kirche in Asche gelegt; zu Spöck Pfarrer Lindemann nebst seinem Vicar Dürr von den Marodeurs nackt ausgezogen.

Im Jahre 1735 empfindet unsere Gegend die Beschwerden

---

[1]) Am 12. Juni wurde dem Marschall von Berwick durch eine Stückkugel aus der Festung der Kopf ganz weggeschossen, daß ihm nur 3 Zähne im untern Kiefer stehen blieben.

des Kriegs in anderer Weise. Am 13. April nämlich wurden in Durlach 600 Mann Infanterie und 100 Husaren einquartiert. Darauf läßt General von Schmettau am folgenden Tag durch eine Menge aufgebotener Bauern die Alb von Ettlingen in die Pfinz nach Durlach leiten und letztere verstopfen. Es wurde so zwischen Philippsburg und der Bergstraße eine Wasserlinie zuwege gebracht, aber alle Wiesen und niederen Gegenden unter Wasser gesetzt, und unsäglicher Schaden dadurch verursacht.[1]

Aus diesem Jahre sagt das Dorfbuch: Am 19. Januar sind die Soldaten eingerückt und hat man selben mehrere Fuhren geben.

Den 23. dito mußte man selben Brod zu Neudorf holen mit einem Wagen mit 4 Pferden,

den 30. wiederumb 1 Wagen zum Brodholen mit 4 Pferdt,

den 4. Februar wiederumb einen Wagen mit 4 Pferdten zum Brodholen,

mehr dem Lieutenant 2 Pferdt auf Graben,

mehr 2 auf Liedolsheim,

und wiederumb 2 Pferdt auf Liedolsheim,

mehr wiederumb 1 Pferdt dahin,

mehr einen auf Philippsburg,

mehr dem Feldweibel 2 Pferdt auf Rheinhausen zum General,

mehr dem Corporal auch 2 Pferdt dahin, davor wir aber Jhme 15 kr. geben,

dem Corporal wiederumb 2 Pferdt auf Philippsburg, da er die Attestata eingeholt.

Item zwei Wägen Vorspann auf Philippsburg.

Item 9 Mann auf Liedolsheim zur Ordinanz.

Item 2 Mann Botten auf Knautenheim,

---

[1] Da der Geh. Hofrath und Oberamtsverweser Wielandt am 23. April das fürstliche Kammergut Stutensee vor der Ueberschwemmung zu bewahren suchte, läßt ihn General v. Schmettau arretiren und nach Durlach führen. Auf Ordre der hohen Generalität wurde er jedoch gleich wieder frei.

und 2 Mann auf Philippsburg, und
2 Mann zu Botten auf Oberhaußen.
Dem Haubtmann ein Botten auf Philippsburg.
Den 9. Februar hat man folgende Fuhren und Handfrohner auf Philippsburg geben:

Erstlich den 9.   2 Wägen 4 Mann,
den 10. dito 2 „ 4 „
den 11. „ 2 „ 4 „
den 12. „ 2 „ 4 „
den 13. „ 2 „ 2 „
den 14. „ 2 „ 2 „
den 15. „ 2 „ 2 „
den 16. „ 2 „ 2 „
den 17. „ 2 „ 4 „
den 18. „ 2 „ 4 „.

Am 8. Februar 1737 wurde Philippsburg wieder von den Franzosen an den Kaiser abgetreten.

In diesem Jahre wurden auf Befehl des Gouverneurs der Festung 1500 Stück Faschinen gehauen; das zweite Mal 800 Stück, von Hochstetten und Linkenheim in unserer Waldung 700 Stück, zusammen 3000 Stück. Nach der aufgestellten Berechnung ist der Schaden an unserm Wald zu 100 fl. angeschlagen. Ferner, da die Faschinen 4 Mal gebunden sein mußten, an Arbeitslohn (Zehrung) 57 fl. 30 kr. für Rußheim, und 17 fl. 30 kr. für Hochstetten und Linkenheim — zusammen 175 fl.

In 96 Wägen wurden diese Faschinen an den Rhein gefahren.

In den Jahren 1741 und 1743 durften die Rußheimer nur Soldaten sehen im Durchmarsch bei Graben; denn als der König von Frankreich dem Churfürsten von Baiern zu seinen Ansprüchen an die österreichische Verlassenschaft behilflich sein wollte, kamen 40,000 Franzosen unter dem Namen bairischer Hilfstruppen durch die untere Markgrafschaft nach Donauwörth. Während die erste Kolonne, Infanterie, am 15. August bei Fortlouis über den Rhein geht nach Pforzheim, ging eine andere mit etwa 15,000 Mann Reiterei über die bei Schröck geschlagene

Schiffbrücke, und von da über Linkenheim, Graben nach Bruchsal. Nach der Räumung Prag's gingen die Franzosen 1743 auf dem Rückmarsch in das Elsaß in 24 Bataillonen im März durch Graben und Mühlburg. — Erst das Jahr 1744 ließ Rußheim den Krieg wieder recht fühlen. Der kaiserliche General-Feldmarschall v. Seckendorff sammelte im April seine Truppen hart an der Festung Philippsburg und verschanzte sich im Mai zwischen der Festung und dem Dorfe Knaudenheim mit seinen 16,000 Mann. — Aber bleiben konnte er nicht. Vorher aber langte die österreichische Vorhut, aus 4 Husarenregimentern und etlichen 1000 Croaten bestehend, Anfangs Juni zwischen Neudorf und Graben an unter dem Commando des Generals Neubasky. Die Hauptarmee kam bald unter Herzog Carl und Graf v. Traun bei Wallborf zu stehen. Den 2. Juni nahmen die Feindseligkeiten zwischen einer Abtheilung Husaren obigen Corps und den Vorposten ihren Anfang. Jeden Tag fielen nun kleinere Gefechte vor, weil General Neubasky die Baiern immer mehr einzuschließen suchte, so daß endlich die äußersten Wachen zur Noth mit einander sprechen konnten. Den 17. Juni nahmen 300 Warasdiner und Croaten den Baiern eine Schanze weg, wurden jedoch vertrieben und verfolgt bis Rußheim, bei welchem Vorgang General Neubasky sein Pferd einbüßte, den bairischen Husarenmajor Hopp aber gefangen bekam. Viele kaiserliche und ungarische Soldaten sind, nach dem Todtenbuch, bei diesem Gefecht auf unserm Feld geblieben und auch daselbst begraben worden. Auch ist hier ein Baron Vassa, von Essegg in Slavonien gebürtig, beerdigt, nachdem er am 17. Juni von den Franzosen in den Kopf geschossen wurde und nach 6 Stunden gestorben.[1])

Am 30. Juni bis 3. Juli ging die österreichische Armee auf 2 Schiffbrücken bei Schröck über den Rhein. So hatte die Gegend Ruhe bis den nächsten Monat. Als die Preußen in Böh-

---

[1]) Das steinerne Kreuz unten am Wege bei der Schleifmühle ist wahrscheinlich den in diesem Gefecht Gefallenen errichtet.

men einrückten, traten die Oesterreicher am 29. September den Rückmarsch an zur Vertheidigung ihrer eigenen Lande. Feldmarschall v. Seckendorff ging am 2. September bei Germersheim über den Rhein und blieb mit seiner Armee einige Tage zwischen Neudorf und Graben, von wo er am 10. September nach Baiern aufbrach.

Im April 1745 schlagen die Franzosen bei Dettenheim eine Schiffbrücke und verwahren dieselbe mit Schanze und Verheck, deßhalb kommt Ende Juli von der österreichischen Armee von Heidelberg General Gaisneck mit 4000 Mann nach Graben und bleibt daselbst, bis die Franzosen im November ihre Schiffbrücke bei Dettenheim wieder abbrechen.

Unsere Gegend erhielt erst Ruhe mit der Aufhebung der Festung Philippsburg 1799. — Bis dorthin war die Kirche stets ein Wachposten der Soldaten, und die Einquartierungen wechselten stets mit dem Wechsel in Philippsburg. Bei der letzten Belagerung hatten die Truppen des Prinzen Condé 1793 einen Hühnerhof oben am Orte im jetzigen Hause von Ludwig Hager, während sie im Ochsen ihre Küche hatten. An Plünderungen und Drangsalen fehlte es nicht. So mußte 1797 Lammwirth Schmidt zusehen, wie ihm sein Geld (200 fl.) genommen wurde. Im Keller ließen sie ihm den Wein laufen. Pfarrer Schuhmacher wurde ebenfalls von drei Franzosen zur Herausgabe seiner Baarschaft gezwungen. Dies genügte nicht; er wurde deßhalb an die Pferde gebunden und vor das Haus des damaligen Bürgermeisters Reinacher geschleppt. Während sie bei solcher Geißel daran waren, die Gemeindskasse zu plündern, kam eine österreich. Patrouille von Huttenheim, aber nur einer der Plünderer kam in ihre Hände, die zwei andern konnten mit ihrem vielen Gelde noch entfliehen. Ein anderes Mal wurde ebenfalls von den Franzosen der Laden des Krämers Hager ganz geplündert, und diese ehrliche Beute dann auf offener Straße getheilt.

Zu Schanzarbeiten mußten täglich 5—30 Mann nach Philippsburg gehen; was aber die Gemeinde sonst an Contributionen leisten mußte, konnten wir nicht erfahren.

Dies alles sind traurige Erinnerungen, die wohl der Anfang des neuen Jahrhunderts nicht besserte, aber doch die eigentlichen Kriegsleiden von der Gegend ferne hielt. Es kam der Friede und mit ihm auch für Rußheim der Grund zu einem wahrhaft schönen Gedeihen der Gemeinde.

Jetziger Zustand der Gemeinde.

Rußheims Fluren zeigen jetzt ein ganz anderes Bild als früher. Was einst den steten Ueberschwemmungen ausgesetzt war, zum Theil nicht gebaut werden konnte, wo die Leute oft mühsam ihre Ernte aus dem Wasser schneiden mußten, ist jetzt das schönste ergiebigste Feld, besonders seit das Rheinbett verlegt ist und der Kanal zur Entwässerung angelegt wurde. [1])

---

[1]) Die größte Noth kam für Rußheim noch 1816, 1817 u. 1818, in welchen Jahren der größte Theil der Bewohner nur durch die reichen Gaben der Liebe an Geld und Früchten, die von allen Seiten kamen, ihren Unterhalt fanden. Pfarrer Schellenberg und Vogt Haushalter erwarben sich damals durch ihre Verwendungen für die Gemeinde, wie durch Vertheilung von Saatfrüchten, Brod, Suppen, Mehl, Geld rc. großes Verdienst um die Gemeinde. Etliche Hundert Malter Früchte kamen hierher, und der Geldbetrag war 1864 fl., worunter zum Theil reichliche Gaben. Außer 400 fl. aus der Staatskasse gab Markgraf Friedrich 400 fl., 30 Malter Weizen, 20 Malter Gerste, 6 Malter Korn. Die Collecte vom Amt Bruchsal, wohin Rußheim damals gehörte, 247 fl.; Ochsenwirth Fuchs von Hockenheim 250 fl.; Buchhändler Müller den Gesammterlös der Grabrede von Hrn. Minister v. Marschall 27 fl.; die Töchterschule in Karlsruhe 7 fl. für die armen Kinder in Rußheim.

Großherzog Ludwig kam bei späterer nochmaliger Ueberschwemmung im Jahr 1824 mit Oberst Tulla nach Hochstetten, um das große Wasser selbst zu sehen, und als er aus dem Munde von Tulla hörte, daß nur durch einen Rheindurchschnitt geholfen werden könnte, faßte er den Entschluß

Der Zehnten wurde 1837 abgelöst, der große mit 19,200 fl., und der kleine mit 3400 fl., welches Kapital, als früher dem Meßner gehörig, für die Schulbesoldung angelegt wurde.

Für die Capaunen oder den sogenannten Blutzehnten wurde für die Pfarrei ein Acker von 36 Ruthen bei der Kirche gekauft. Auf den Aeckern wurden durch Urbarmachung von Waidfeld ꝛc. bedeutende Culturen in den letzten Jahren vorgenommen. Die bedeutendste jedoch ist die der Wiesen, die mit einem Kostenaufwand von 24,000 fl. wohl bald einen herrlichen Ertrag und reichlichen Lohn für die verwendeten Kosten bringen werden. Auch wurde durch Anregung des jetzigen Pfarrers zur Hebung des Wohlstandes der Gemeinde eine Viehleih- und Sparkasse[1]) gegründet, auf die Gott seinen Segen legen möge.

Mögen nun aus der äußerlich wohlgestellten Gemeinde immer mehr dankbare Herzen heranwachsen, manches Rauhe aus den bisherigen Lebensgewohnheiten schwinden, daß eine wahrhaft fromme Gemeinde in treuem Glauben und sittlichem Leben solche Blüthen treiben, die für die Zukunft unvergängliche Früchte tragen!

Verzeichniß der Pfarrer und Schullehrer der Gemeinde.

Aus früheren Zeiten sind nur die oben schon erwähnten Johann Dillmann und Johann Friedrich Buß bekannt; die vollständige Reihe der Pfarrer beginnt erst mit dem Kirchenbuch 1696.

Vom 20. April 1691 bis zum Jahre 1696 besorgte Pfarrer Paul Friedrich Vögtlin von Liebolsheim vicariatsweise die hiesige Pfarrei.

Am Johannistage 1696 kam Anton Gottlieb Desse-

---

zu dessen Ausführung, wie auch durch die Anwesenheit des Großherzogs Leopold hier im Jahr 1831 die Ausführung des Kanals bestimmt wurde.

[1]) Die Statuten sind im Anhang gegeben.

lius hieher, nur auf ein Jahr, ohne daß angegeben ist, wohin er ging.

Am 21. Dezember 1697 Johann Joseph Zandt aus Durlach, auch wieder nur ein Jahr.

1698 am 19. August kam M. Johann Vögelein von Stuttgart als Pfarrer hierher, doch auch wieder nicht lange, denn schon 1700 kam Paul Gruner von Reichenbach im Voigtland. Er ging 1702 als Feldprediger mit dem Erbprinzen Karl Wilhelm, der bei der Belagerung von Landau durch eine Musketenkugel am rechten Schenkel so stark verwundet wurde, daß er sich nach Durlach tragen lassen mußte. 1725 finden wir Gruner als Pfarrer zu Thiengen, wo er 1736 starb.

1703 wurde Georg Conrad Schreiner aus Biberach von Weiler bei Pforzheim hierher berufen, am 8. Juni zog er auf. —

1709 kam M. Johann Vögelein wieder hierher, jedoch nur bis 1711, in welchem Jahre er Pfarrer in Elmendingen wurde, wo er 1718 stirbt.

1711 am 7. Juni kam Johann Caspar Dieffenbach aus der Pfalz hierher. Sein Bruder war Diaconus in Durlach. — Er entfernte sich von hier auf eine Untersuchung hin wegen nicht guten Lebenswandels, ging in's Lothringische, trat dort zur katholischen Kirche über und starb kümmerlich.

1717 am 7. März auf Sonntag Lätare zog Johann Friedrich Kaufmann[1] aus Baden-Durlach hier auf, kam jedoch

---

[1] Bei der Einweihung der neuen Hofkapelle in Karlsruhe auf das Reformationsfest 1717 finden wir auch unsern Pfarrer Kaufmann von Rußheim. Der Hergang war folgender: Am 31. October, Morgens, versammelte sich das Karlsruher Ministerium und die sonst dazu berufenen Geistlichen in dem den Einwohnern zum Gottesdienste angewiesenen Hause, da die Stadtkirche noch nicht erbaut. Der Stadtdiaconus M. Joh. Dietr. Bohm machte den Anfang der Andacht mit Vorlesung des 8. Cap. Nehem., und eines besonders hierauf gerichteten, bereits 1630 bei dem Jubelfest der A. C. in hiesigen Landen abgefaßten und verlesenen Gebets, wobei der Präceptor mit der Schuljugend das geistl. Lied: „Nun freuet, liebe Christengemein," anstimmte. Hierauf verfügten sie

1718 schon als Pfarrer nach Elmendingen, wo er 1734 stirbt.

1718 am 11. November Johann Martin Rüßle, ließ sich krank nach Durlach fahren, wo er auch starb; doch wurde er hier nach seinem Willen beerdigt.

---

sich sämmtlich in folgender Ordnung durch die Gallerie an dem fürstlichen Audienzsaal in die neue Hofkapelle (welche nun eingeweiht werden sollte), wo sie die von ihnen getragenen Kirchengefäße und Sacra auf den Altar setzten und sich an die angewiesenen Plätze nächst dem Altar begaben:
1) das Taufbecken, Hofvicar Phil. Jac. Boch;
2) eine Altarkanne, Vicar Maler von Niefern;
3) eine andere, der Pfarrer von Rußheim, Joh. Friedr. Kaufmann;
4) einen Kelch, der Stadtdiacon in Karlsruhe, M. Joh. Dietr. Bohm;
5) eine Kapsel mit Hostien, der Hofdiacon Joh. Japhet Körner;
6) die Kirchenagende, der Senior Ministerii der Durlacher Diözese, Schütz, Pfarrer zu Eggenstein;
7) die Formula Concordiae, der Senior der Pforzheimer Diözese, Jac. Petri, Pfarrer zu Nöttingen;
8) die Bibel, der fürstliche Kirchenrath und Hofprediger Joh. Laurent. Hölzlin.

Hierauf ging der Markgraf Carl Wilhelm nebst den übrigen anwesenden fürstlichen Personen unter Begleitung des Adels und andern hohen Ministern in die neue Kapelle, bei deren Eintritt nach Absingung des Liedes: „Komm, heiliger Geist, Herre Gott," eine Vocal- und Instrumentalmusik ertönte. Hierauf die Predigt über Apoc. 14 durch den Hofprediger. Nach der Predigt wurde Phil. Jac. Boch als Hofvicar und Jos. Dietr. Bohm (bisher Pfarrer in Hagsfelden) als Stadtdiaconen vorgestellt. Nach Absingung des Liedes: „Erhalt uns Herr bei Deinem Wort," hielt Hofprediger Hölzlin eine kurze Ansprache, und darauf legte der Proselyte Joh. Jac. Bineau sein Glaubensbekenntniß öffentlich ab. Nach dem Liede: „Wie schön leucht't uns der Morgenstern", war die goldene Hochzeit von Elias Zachmann von Wilferdingen (er lebte mit Anna Maria, geb. Imbrin, 51 Jahre in der Ehe) — Taufe — hl. Abendmahl — dann Te Deum mit Pauken und Trompeten — dann der Segen.

Bineau, theol. Dr. und Canonicus Capitularis zu Allerheiligen und Director in Spiritualibus in Freiburg im Breisgau, hatte in Durlach 1717 die lutherische Religion angenommen.

1722 am 6. Januar kam Johann Friedrich Roller, Baden-Durlach — von Knielingen hierher und zog 1722 nach Spöck.

1727 Mathias Lemble, gebürtig aus Blansingen, vom Waisenhaus in Pforzheim hierher am 25. Mai, und 1733 nach Berghausen.

1733 Martin Friedrich Hoyer aus Altona bei Hamburg. (Sein Vater Daniel Hoyer war daselbst erster Pfarrer. — Bei dem frühen Tode des Vaters kehrte die Mutter Maria Regina, geb. Zandt, mit ihren Kindern in ihr Vaterland nach Durlach zurück; da finden wir unsern Mart. Friedrich, wie er seinen Bruder Daniel, der in seiner zarten Kindheit in Folge der Blattern blind wurde, täglich in die latein. Schule führte. Der blinde Daniel wurde außerordentlich tüchtig, hielt mehrere hundert Predigten, starb aber schon in seinem 36. Lebensjahre im Waisenhaus zu Pforzheim.) Kam aus der Müllheimer Diözese hierher und ging 1741 nach Linkenheim.

1741 Jacob Theophilus Eisenlohr aus Tannenkirch hierher auf Michaeli, nachdem er vorher zwei Jahre Vicar in Durlach war.

Am 21. Dezember 1745 wurde Johann Theophilus Rheinberger hier Pfarrer, nachdem er vorher 15 Monate Präceptor am Pädagogium in Durlach war.

1750 am 15. October wurde hier Pfarrer Johann Szuhany aus Manok in Oberungarn; er studirte in Tübingen, war dann Hauslehrer einiger Adeligen, wurde Vicar in Liebolsheim unter Pfarrer Kraft, von wo er hierher kam. 1754 kam er als Pfarrer nach Liebolsheim, wo er erblindet, starb.

1754 Alexander Engelhard Döberlein, beinahe 13 Jahre hier Pfarrer, nach welcher Zeit er nach Obereggenen, Diözese Müllheim, kam, dort aber am ersten Tage seiner Ankunft erkrankte und am achten starb.

Am 27. November 1766 wurde Friedrich Wilhelm Gyser als Pfarrer hierher gerufen, trat jedoch sein Amt erst am 31. März 1767 an; 1776 wurde ihm die Pfarrei Britzingen bei Badenweiler übertragen.

Am 6. Sonntag nach Trinitatis 1776 wurde hier Pfarrer Carl Sommerlab aus Trarbach an der Mosel gebürtig, war vorher Pfarrer in Reichenbach, Herrschaft Birkenfeld, blieb bis zum 4. Februar 1782 in Rußheim.

1782 am 6. Februar kam Heinrich Christoph Sonntag aus Emmendingen.

1790 Johann Abam Schuhmacher aus Wössingen, 1797 zog er nach Spöck, wofür der dortige Pfarrer Georg Ludwig Schober, aus Pforzheim gebürtig, von Spöck hierher kam. Er war Pfarrer am Waisenhaus in Pforzheim, wurde von dort Pfarrer in Rhob,[1]) wo er durch die Franzosen alle seine Habe verloren. — Am 18. October 1799 ist er hier gestorben, 54 Jahre alt.

Am 15. October 1800 wurde Johann Gerwig hier Pfarrer, nachdem er vorher 3 Jahre Diaconus in Kandern war. Am 23. October 1806 wurde er Pfarrer in Sulzburg.

Sein Nachfolger war am 14. Dezember 1806 Gustav Friedrich Wucherer, doch nicht lange, denn schon am 26. April 1807 wurde er als Professor nach Freiburg berufen.

Auf ihn folgte am 28. Juni 1807 Jacob Friedrich Deimling, welcher hier bis zum 7. Juli 1811 blieb, in welchem Jahre er Pfarrer in Hertingen wurde.

Am 6. August 1811 wurde Georg Wilhelm Schellenberg, aus Altenheim gebürtig, hier Pfarrer und wirkte bis zum 22. April 1825, wo er als Pfarrer nach Theningen kam, von dort 1837 nach Hügelheim und 1842 nach Stein, wo er 1858 starb.

Sein Nachfolger war am 23. April 1825 Wilhelm Watzen-

---

[1]) Der Flecken Rhob jenseits des Rheins wurde 1752 von Markgraf Carl Friedrich um 77,000 fl. erworben, nach dem Reichsdeputationsrezeß vom Februar 1803 wieder abgetreten, da der Churfürst andere Ländertheile erhielt.

born, der schon 23. October 1829 nach Blankenloch kam, wo er auch starb.

Am 23. October wurde hier Pfarrer Carl Heinrich Lamprecht, aus Berghausen gebürtig, ging am 1. Januar 1835 nach Knielingen, 1846 nach Brötzingen, in welcher Gemeinde er 1852 gestorben ist.

Sein Nachfolger war am 16. Juni 1835 Dr. Ludwig Lebeau aus Karlsruhe; am 20. November 1837 kam er als Pfarrer nach Waldwimmersbach, 1843 nach Sand, und 1846 nach Leimen. 1858 trat er aus der Landeskirche aus.

Am 20. November 1837 kam Victor Schaller, aus Wertheim, von Rosenberg hierher. Am 6. Juni 1840 am Pfingstsamstag ist er beim Baden im Rhein ertrunken.

Auf ihn folgte am 1. Dezember 1840 Carl Gebhard, welcher bis März 1848 blieb, dann nach Nimburg kam, von da nach Vogelbach und 1850 nach Niebereggenen.

Pfarrer Friedrich Günther, aus Mönchweiler, war sein Nachfolger am 28. April 1848, er kam von Schmieheim und ging im März 1852 als Pfarrer nach Großeicholzheim.

Am 24. August 1852 kam der jetzige Pfarrer Friedrich Hoeck, aus Karlsruhe, hierher, nachdem er von 1843—1849 Vicar in Ladenburg war, von Juni 1849 bis April 1850 Pfarrverweser in Eichtersheim und von da bis zum Aufzuge hier Pfarrer in Prechthal.[1]

Die Reihe der Schullehrer geht weiter zurück als die der Pfarrer.

Nach dem Todtenbuch stirbt am 24. Dezember 1690 Paul Buch, nachdem er 52 Jahre hier Schulmeister war.

Auf ihn kam ein Lehrer Berner, der 35 Jahre alt, 1696 hier gestorben ist.

---

[1] Am 7. Februar d. J. bezog ich meine jetzige Pfarrei Scherzheim, und die Gemeinde erhält diese Blätter nun aus der Ferne als Andenken an ihren früheren Pfarrer. F. H.

1697 kam Hans Georg Becher von Menzingen an die hiesige Schule; er war gebürtig aus Künzelsau im Württembergischen, und stirbt nach 35jähriger Wirksamkeit, über 64 Jahre alt, am 18. April 1732. Er ist der Stammvater der jetzigen Familie Becher hier.

Am 24. Juni 1732 wurde Becher's Nachfolger Johann Martin Schaub, Sohn des Aufsehers im Stutenhof Martin Schaub aus Hagsfelden. Beinahe 50 Jahre Lehrer hier stirbt er, Stammvater der Familie Schaub hier, 70 Jahre alt, am 26. Februar 1783, nachdem ihm am 26. Juni 1767 schon sein Sohn, der Schulcandidat Johann Christoph Schaub, als Provisor beigegeben war.[1]

Schaub bekam nach dem Tode seines Vaters den Dienst, hatte aber auch in seinem Alter einen Provisor nothwendig, und schon 1793 ist ein Schulprovisor Fies hier. 1810 wurde wegen des alten Lehrers, der erst 1812 starb, eine Schulabjunctur errichtet,

---

[1] Die Ernennungsurkunde darüber heißt:

Carl Friedrich von Gottes Gnaden,

Unsern Gruß Edlen, Hochgelehrten, Würdigen, Lieben, Getreuen!

Wir bestellen hiermit den Schulcandidaten Johann Christoph Schaub von Rußheim zum Provisor bei der dasigen Schule unter Anweisung desjenigen Gehalts, auf welchen derselbe mit seinem Vatter, dem dortigen Schulmeister, unter eurer Authorität übereinkommen wird.

Ihr habt demnach behörige Eröffnung zu thun, den Schulprovisor in solcher Eigenschaft vorzustellen, und zur Erfüllung seiner Obliegenheiten anzuweisen, übrigens aber auch selbst hiernach zu achten. Inwessen wir wir uns versehen und verbleiben auch in Gnaden gewogen. Karlsruhe den 6. Juni 1767.

Ex speciali mandato Serenissimi

v. Boose.

Grooß.

vdt. Wielandt.

Nach specialamtlichem Befehl hatte der Pfarrer den Auftrag, Schaub im Beisein des Hrn. Pfarrers von Liedolsheim und in Gegenwart des Schultheißen und Anwalt und einigen Gerichtsverwandten der Schuljugend vorzustellen.

nachdem der Provisor Carl August Spöck in einem Alter von 38 Jahren gestorben war.

So war von 1801—1810 Gerhardt Schulabjunct hier, und von 1810—1812 Carl Ludwig Schäfer, der dann 1812 den Schuldienst übertragen erhielt, vor der Hand mit einer Abgabe von 30 fl. an den Schulmeister Schmolch in Singen. Schäfer war gebürtig aus Eutingen und ist nach 43jährigem Wirken als Lehrer am 10. Februar 1853 in einem Alter von 71 Jahren gestorben, nachdem er längere Zeit einen Hilfslehrer hatte.

Im Juli 1853 wurde Adam Rectanus hier Hauptlehrer. Er ist geboren 1806 in Hemsbach, war Schulverwalter in Waldhilsbach, 1836 dort Lehrer und 1843 in Gaiberg, von wo er hierher kam.

Bei der Einführung des neuen Schulgesetzes zeigte sich auch hier die Nothwendigkeit eines weiteren Lehrers, und so sind denn seit 1836 hier Unterlehrer.

Zuerst Eisenmann, von hier nach Linkenheim, wo er starb.

Sailer von St. Ilgen.

Meinzer von Hochstetten.

Fr. Hecker von Thairnbach, 1842 nach Friedrichsthal.

1842 Ernst Schäfer von hier, 1850 nach Blankenloch als Unterlehrer, von wo er 1857 mit Hinterlassung von Weib und Kindern nach Amerika ging.

Heinrich Seith von Liebolsheim, zuerst Hilfslehrer, kam 1854 nach Binau.

Georg Friedrich Krauß von hier, stirbt 1854.

Heinrich Bauer von Wertheim, 1855 nach Wertheim.

Heinrich Waldi von Ostersheim, 1856 nach Wieblingen.

Wilhelm Soine von Asbach, 1856 von Wieblingen hierher, ging im August 1857 durch nach Amerika.

Adam Merkel von Reichartshausen, kam im März 1858 von Liebolsheim hierher.

Verzeichniß der Schultheißen (Vögte).

1645 Clemens Karch.
1684 Friedrich Reinacher.
(Diese Namen nach dem Dorfprotocollbuch), das vollständige Verzeichniß beginnt erst am 18 Dezember 1732
1732 mit Johann Michael Gangwolf, bis 1739.
1739—1764 Michael Heger.
1764—1799 Friedrich Weber.
1799—1811 Gottlieb Grötzinger. [1])
1811—1814 Michael Elser.
1814—1817 Georg Friedrich Spöck.

---

[1]) Dieser Mann trägt mit dem damaligen Anwalt Veit Geiß auch einen Antheil an der Geschichte des badischen Fürstenhauses. Als nämlich Carl Friedrich seinen Enkel, den nachmaligen Großherzog Carl, auf Reisen schickte und besonders nach Paris, gingen diese Männer in Ortsangelegenheiten zu ihrem Fürsten. Nachdem sie ihre Wünsche dargelegt, beschwerten sie sich, daß er den Prinzen so außer Lands gehen lasse. Sein Vater sei in Arboga gestorben, der Fürst sei alt, und wer wisse, was dem Prinzen in Paris begegne.

Bald darauf kam ein reitender Bote hierher mit einem Schreiben, wornach die beiden Männer nächsten Sonntag im Schlosse zu Karlsruhe erscheinen sollten. Nach dem Gottesdienst wurden sie vor Carl Friedrich geführt, der seinen Enkel Carl zur Seite hatte. Carl stützte sich auf seinen Degen und Carl Friedrich redete ihn an: „Sieh', Carl, bedanke Dich bei diesen Männern, sie beschwerten sich bei mir, daß ich Dich fortließ, nun bist du zurück — setze deine Hoffnung auf solche Unterthanen." Nochmals dankte er den Männern für ihren treuen Bürgersinn und sagte, sie müßten nun im Schloß essen, wenn auch nicht gerade an seiner Tafel.

Als sie Mittags in ihr Absteigquartier, den goldnen Anker (jetzt Hof von Holland), kamen, war dort ein Schreiben eingetroffen, daß die Zehrung, wozu die Hofbedienten sich zahlreich eingefunden, von der Hofrechnung bezahlt werde.

1817—1832 Georg Friedrich Haushalter, leistete der Gemeinde in den Zeiten der Wassersnoth, 1816, 1817 und 1818 große Dienste; er starb 1856, beinahe 85 Jahre alt.
1832—1837 Jacob Friedrich Elser, Bürgermeister, legte wegen Kränklichkeit sein Amt nieder, stirbt 1848.
1837 bis jetzt, Christoph Löhlein.

Mögen meine Nachfolger das hier Begonnene getreulich fortsetzen!

Gott segne die Gemeinde für und für!

Anhang.

I.

Aufzeichnungen über Naturereignisse, Unglücksfälle sind nirgends zu finden. Das in früheren Jahren fast ständig über den Ort hereinbrechende Unglück war die Ueberschwemmung der Felder durch den Rhein. So heißt es bei Aufstellung des Lagerbuchs, 1700, daß einzelne Aecker, wie die Wadenäcker, und die am Gerhards-Rain, seit Manns-Gedenken nicht mehr gebaut worden seien. — Von den Pfarräckern hatte der Rhein einzelne Stücke weggerissen.

Im Januar 1741 wurde durch fürstliches Decret wegen des großen Wassers eine Fürbitte in das sonntägliche Gebet aufgenommen.

In einer Sommernacht eines Sonntags 1755 brannte die Scheuer von Lammwirth Schmidt ab; die treuen Knaubenheimer Nachbarn waren beinahe schon am Ort zur Hilfe, bis das Feuer nur hier bemerkt wurde.

1776 herrschten hier die Blattern; vom 31. August bis 24. November sind 16 Kinder gestorben.

1790 wieder die Blattern.

1816, 17 und 18 großes Wasser, so daß die Leute ihr Futter mit Schiffen holen mußten und dabei beinahe bis Neudorf fuhren.

Am 8. August 1821 ist ein Kind von Gottlieb Stober, 1 Jahr 3 Monat alt, in der Mistlache ertrunken.

Im Sommer 1831 brannte in der Geißgasse das Haus des Johann Hager ab.

Im September 1852 brach die Schließe bei der Schleifmühle auf dem Wege nach Liebolsheim, wodurch bei dem hohen Wasserstand die Felder bis Neudorf ganz unter Wasser gingen und die Gemeinde großen Schaden erlitt.

Am 3. August 1853, Mittags, ist Johann Wilhelm Becher, 7 Jahre alt, beim Baden in der Pfinz ertrunken.

Im Sommer 1855 schlug der Blitz in das Torfhäuschen, wohin sich viele Leute vor dem herannahenden Gewitter geflüchtet hatten. Ein Mann aus Neudorf wurde erschlagen, ein anderer starb denselben Tag. Die Uebrigen von hier kamen mit leichten Wunden und Schrecken davon; am meisten beschädigt war die Frau von Friedrich Kolb.

Am 17. April 1856, Abends 5 Uhr, fiel Christine Haushalter, 3 Jahre alt, in eine frisch abgelöschte Kalkgrube und erstickte.

1859 am 8. März, Sonntag Mittags 4 Uhr, brannte der Dachstuhl vom Gerbhaus des Gerbermeisters Ludwig Elser ab.

II.

Statuten der Viehleihkasse.

§. 1.

Der Zweck der Viehleihkasse ist, den Bürgern der Gemeinde, die aus eigenen Mitteln sich kein Vieh kaufen können, die nöthigen Mittel dazu gegen zu entrichtenden Zins zu geben, um sie dadurch vor Prellerei zu schützen.

§. 2.

Da die Gemeinde kein vorräthiges Geld zu diesem Unternehmen besitzt, stellt sie einen Verlag von 4000—6000 fl. aus den der Gemeinde gehörigen Grundstücken, um dafür bei einer Kasse oder einem Wechselhause einen Contocurrenten bis 1500 fl. eröffnen zu können.

§. 3.

Wer Geld aus der Kaffe erhält, verpfändet dafür seine Almend, soweit es nach §. 91 der Gemeindeordnung zuläffig ist, damit die Gemeinde, im Fall der Zins nicht zu gehöriger Zeit entrichtet wird, darauf Rückgriff nehmen kann. Die Kaffe hat Vorzugsrecht auf die Almend. Wenn jedoch die Almend schon verpfändet ist, muß ein annehmbarer Bürge gestellt werden.

Die Kaffe behält sich das Eigenthumsrecht von dem durch sie erkauften Vieh vor.

§. 4.

Das aus der Kaffe geliehene Kapital muß in 3 jedesmal zu bestimmenden Terminen heimbezahlt werden. Was von rückständigen Zinsen in obigem Paragraphen gesagt ist, gilt auch hier.

§. 5.

Der Zins wird mit 6% berechnet. Was bei Heimzahlung des Kapitals an die Kaffe oder das Wechselhaus und nach Berechnung der sich ergebenden Kosten übrig ist, wird jeweils von der Kaffe bei eintretendem Unglück mit Vieh als Geschenk zur Unterstützung gegeben.

§. 6.

Jedes Stück Vieh, das im Ort gekauft wird, wird zuerst von den dazu bestimmten Männern abgeschätzt, damit nicht Uebervortheilungen und Betrügereien stattfinden können.

Von Handelsleuten muß das Vieh in den Ort gebracht werden.

Der Einkauf des Viehes außer dem Ort kann nur in Gemeinschaft mit den von dem Verwaltungsrath beauftragten Sachverständigen geschehen, wobei jedoch auf die Wünsche des Käufers billige Rücksicht zu nehmen ist.

§. 7.

Die Kaffe wird durch eine besondere Rechnungsführung, also getrennt von dem Gemeinderechnungswesen, verwaltet. Der Verrechner erhält eine Belohnung nach der Größe des Geschäfts. Für die Bemühungen bei auswärtigem Kaufe werden Tags=

gebühren von 48 kr. festgesetzt, die der Käufer zu übernehmen hat.

§. 8.

Wer gegen die in §. 6 aufgestellten Bedingungen handelt, erhält nichts aus der Kasse.

Ebenso ist der Gemeinderath, unter welchem mit den dazu erwählten 4 Personen die Anstalt steht, befugt, jedem schlechten Haushalter die Vortheile der Anstalt so lange zu entziehen, bis er Beweise von Besserung geliefert hat.

§. 9.

Was in §. 6 von frisch angekauftem Vieh gesagt ist, gilt auch bei Eintauschungen von unbrauchbar gewordenem Vieh gegen anderes.

Rußheim, den 2. Februar 1854.

III.

Statuten der Rußheimer Sparkasse.

§. 1.

Unter Bürgschaft der hiesigen Gemeinde wird für den hiesigen Ort, um die kleinen Ersparnisse zu sammeln, sicher anzulegen, und durch Zuschüsse, sowie durch Zins und Zinses-Zinse zu vermehren, eine Sparkasse errichtet. Sie führt den Namen: Sparkasse der Gemeinde Rußheim.

§. 2.

Eintrittsfähig ist jeder in der Gemeinde Wohnende, sowie jeder fremde Dienstbote, der hier im Dienst steht. Auch Minderjährigen ist der Beitritt gestattet, nur müssen sie einen Stellvertreter haben.

Verlassen fremde Dienstboten den Ort, so können sie doch Mitglieder der Spargesellschaft bleiben.

Der Eintritt kann, mit Ausnahme des Monats Dezember, zu jeder Zeit geschehen.

Eintrittsgeld wird keines erhoben. Der Eintretende erhält ein Sparbüchlein, das er zu zahlen hat.

§. 4.

Der Austritt findet statt:
a) durch Tod,
b) durch Rückforderung des ganzen Spargutbabens,
c) wenn auf eine Einlage in drei Monaten nicht wieder eingelegt wird.

§. 5.

Die erste Einlage kann bis 25 fl. betragen; die laufende Einlage darf jedoch nicht unter 12 kr., und nicht über 5 fl. sein, und ist immer in der ersten Hälfte des Monats, jeden Montag, zu zahlen. Die Rückforderungen bis 20 fl. können gleich erhoben werden, die von 20—25 fl. jedoch bedürfen einer vierwöchentlichen, jene über 50 fl. einer vierteljährigen Aufkündigung.

§. 6.

Die Einlagen unter 10 fl. werden vom ersten Tage des auf die Einlage folgenden zweiten Monats, die Einlagen über 10 fl. vom ersten Tage des folgenden Monats mit zwei Kreuzer vom Gulden verzinst. Der Monat, in welchem rückbezahlt wird, wird nicht gerechnet.

Am Anfang des auf die Einlage folgenden zweiten Rechnungsjahres wird regelmäßig der Zins gutgeschrieben. Die sich ergebenden Zinsüberschüsse werden jeweils nach Abzug etwaiger Unkosten unter die Gesellschaft, und zwar an solche, die zwei Jahre Mitglieder sind, von zwei zu zwei Jahren vertheilt.

§. 7.

Das Vermögen der Gesellschaft wird baldmöglichst gegen 5% Verzinsung auf gerichtliches erstes und doppeltes Unterpfand angelegt.

In die Schuldurkunden der Kasse ist die Bedingung aufzunehmen, daß Kapitalheimzahlungen giltig nur gegen eine vom Kassier und dem Vorstande des Verwaltungsraths zu unterschreibende Quittung, und bei gänzlicher Abzahlung gegen Rückgabe der Schuldurkunden geschehen können.

Auf Anweisung des Gemeinderaths und unter Garantie des Gemeindevermögens werden vom Verwaltungsrath auch kleinere Darleihen von 5 bis 40 fl. auf Handschriften unter Stellung eines tüchtigen Bürgen abgegeben; ebenso werden mit Bewilligung des Verwaltungsraths auch Rückzahlungen in zwei verzinslichen Terminen gestattet.

Die Schuldurkunden sind auf dem Gemeindehaus unter doppeltem Verschluß des Kassiers und eines Mitglieds des Verwaltungsraths aufzubewahren.

Alle Geschäfte werden unentgeltlich besorgt; bei auswärtigen Geschäften wird eine angemessene Vergütung durch den Gemeinderath auf den Zinsüberschuß decretirt.

§. 8.

Ein Drittel der Ueberschüsse wird zur Bildung eines Reservefonds verwendet.

Die Gesellschaft löst sich auf, sobald ihr Kapital so weit herabgesunken ist, daß eine statutenmäßige Anlage und Verwaltung nicht mehr möglich.

§. 9.

Wenn sich eine Aenderung der Statuten als nöthig erweist, so findet diese gemeinschaftlich durch den Gemeinderath und den kleinen Ausschuß, die vollständig zu erscheinen haben, statt. Zu einem giltigen Beschluß sind zwei Drittel der Stimmen nöthig. Die Rechtsgiltigkeit der Aenderung hängt von der Genehmigung des großen Ausschusses und der hohen großh. Regierung ab.

§. 10.

Die Geschäfte besorgt der Gemeinderath, der kleine Ausschuß und der Verwaltungsrath.

§. 11.

Der Gemeinderath und kleine Ausschuß besorgt Folgendes:

1) Er wählt die Mitglieder des Verwaltungsrathes jeweils auf zwei Jahre; nach Ablauf dieser Frist sind die Austretenden wieder wählbar.

2) Vor ihm wird alljährlich die Rechnung abgelegt, auch kann er noch besondere Personen zur Prüfung derselben ernennen.

3) Gemeinderath und Ausschuß gemeinschaftlich entscheiden in allen den Fällen, in denen sich der Verwaltungsrath mit dem Gemeinderath nicht einigen kann.

Der Gemeinderath allein erledigt:

1) Alle Anträge des Verwaltungsraths.

2) Er bestimmt und ordnet alle Darleihen, die nicht auf gerichtliches Unterpfand, sondern auf Handschriften abgegeben werden.

3) Er genehmigt Geldanlagen auf gerichtliches doppeltes Unterpfand.

4) Er decretirt auf Anweisung des Verwaltungsraths unvermeidliche Ausgaben auf den Zinsüberschuß.

Die Untersuchung des Tagebuchs des Rechners und der Kasse hat durch den Bürgermeister oder ein anderes Mitglied des Verwaltungsraths mindestens alle Monat einmal zu geschehen.

§. 12.

Der Verwaltungsrath besteht aus fünf Personen:

1) aus dem Bürgermeister,

2) aus dem Rathschreiber, die nicht gewählt werden,

3) aus drei weiteren Mitgliedern.

Der Kassier kann nicht Mitglied des Verwaltungsraths sein.

§. 13.

Der Verwaltungsrath versammelt sich in der Regel alle 14 Tage, erledigt die laufenden Geschäfte und sorgt besonders für die Anlage des eingelegten Geldes.

§. 14.

Der Kassier insbesondere hat folgende Obliegenheiten:

1) Er hat die von den Mitgliedern gemachten Einlagen in die Einzugsregister einzutragen und den Empfang zu bescheinigen.

2) Er hat Rückzahlungen unter 10 fl., jedoch an dieselbe Person nicht mehr als zweimal im Jahr zu machen.

3) Er hat auf Anweisung des Gemeinderaths und Verwaltungsraths die Kapitalien anzulegen, für pünktliche Zinszahlung zu sorgen und hat ein Haupt- und Kapitalbuch zu führen.

Die Scheine über die Einlagen müssen außer der Unterschrift des Kassiers noch die Gegenzeichnung des Vorstandes oder eines Mitgliedes des Verwaltungsraths enthalten, und Letzterer ist verpflichtet, jede dieser Einlagen in ein Controlregister einzutragen, welches von Zeit zu Zeit mit den Büchern des Kassiers zu vergleichen ist.

Der Kassier hat eine angemessene Caution zu stellen, deren Größe vom Verwaltungsrath bestimmt wird, wozu jedoch amtliche Genehmigung eingeholt werden muß.

§. 15.

Im Monat Dezember erhebt der Kassier von den Mitgliedern die Sparbüchlein und gibt eine Interimsquittung; im Januar erhalten die Mitglieder ihre Sparbüchlein wieder mit der Bemerkung ihres ganzen Guthabens und unter Zuschlag der betreffenden Zinsen, unterschrieben von dem Vorstand, dem Kassier und einem weiteren Mitgliede des Verwaltungsraths.

Die Jahresrechnung wird im Januar dem Gemeinderath und kleinen Ausschuß vorgelegt und ist, wie die Gemeinderechnung, selbst von der Staatsbehörde zu prüfen und abzuhören.

Rußheim, den 4. September 1856.

IV.

Codex Laureshamensis diplomaticus
tom. II. p. 320.

Donatio Geroldi in Einichen.

In Christi Nomine sub die calendis Julii anno XVI Karoli regis ego Geroldus et conjux mea Imma donamus ad sanctam Nazarium quidquid habere videmur in pago Wormat., in Einichen et Mettenheim — Ortowa in mansis, campis, perviis, vincis, mancipiis, similiter in Lobedengowe in Becheim et Teutolfesheim et Blanchenstat in mansis, campis, terris, perviis, vincis, silvis, aquis et quiquid habere videmur — similiter in Agalachgowe in Muhlnen et in Greichgowe ad Menzingen et in Auvinesheim et in Husgowe in Sexchenheim et in Heidolfesheim, Heppenheim, Hintenheim, Reginesheim, Helmolfesheim et Rucheshcim in his locis supradictis quidquid habere videmur donamus.